MERIAN

Lanzarote

Dieter Schulze

DELTAS

De sikkelvormige lagune is de hoofdattractie van El Golfo. Het zoutgehalte van het kratermeer, dat slechts door een smalle zandbank van de Atlantische Oceaan is gescheiden, is naar het schijnt hoger dan dat van de Dode Zee.

Welkom op Lanzarote

Lanzarote beleven

Tips

Mooie steden en dorpen

Uitstappen

Kaarten en plattegronden

De letter-cijfercombinaties in de tekst verwijzen naar de kaarten.

Belangrijke informatie

Magische grotten en palmbomen, wilde kusten en bontgekleurde vulkaanheuvels: Lanzarote is een kunstwerk uit vuur, water en menselijke fantasie.

Lanzarote, het meest noordoostelijk gelegen eiland van de archipel, heeft een aparte vorm. De schrijver Rafael Arozarena vergeleek het eiland met 'een kameel die in de Atlantische Oceaan is gestrand'. Oordeel zelf, wanneer u erheen vliegt! Misschien herkent u de twee vlakke bulten die uit het zwarte gesteente oprijzen: in het noorden is dat de 670 m hoge top van het **Famaramassief**, in het zuiden de 608 m hoge **Atalaya de Femés**. De witte stippen worden al snel dorpen en langs de kust strekken zich vakantiesteden uit.

Lanzarote telt 140.000 inwoners, waarvan zowat de helft in de hoofdstad Arrecife woont. In 1965 bezochten 10.000 toeristen het eiland, maar dat aantal is intussen spectaculair toegenomen. Wat trekt zoveel toeristen aan op dit eiland – wat vinden ze hier, dat ze elders niet vinden? In een poging om Lanzarote te beschrijven uiten de auteurs zich in superlatieven. Ze hebben het over 'black magic', over de 'verstarde woede van de vulkanen' of over een 'decor van apocalyptische schoonheid'. Of ze prijzen

Vrij afgezonderd aan de noordkust ligt de grote vakantieclub La Santa. Ideaal voor een actieve vakantie.

zijn 'ascese' en 'koppigheid' en hemelen het op tot 'fascinerendste' van alle 'gelukzalige' eilanden.
Bijna alle toeristen worden ingepalmd door de bizarre schoonheid en de aparte kleuren van het landschap. Tijdens een tocht door het binnenland ontdekt u betoverende dorpjes, die op geen ander van de Canarische Eilanden te vinden zijn. In **Yaiza, Uga, Femés, Haría** en in alle andere groene dorpen lijkt er nog op onverklaarbare wijze geen vuiltje aan de lucht te zijn. Witte huizen met groene deuren en ramen vormen een harmonisch geheel, dat door geen enkele vorm van reclame verstoord wordt. Bovendien heeft de architect **César Manrique** boven- en ondergronds ware meesterwerken geschapen die aanleunen bij de traditionele bouwwijze en tegelijkertijd in harmonie met de oorspronkelijke omgeving staan – het door gestolde lavastromen doortrokken landschap, uitwas van vrijgevochten natuur.

Tot het einde van de jaren zestig was landbouw de belangrijkste bedrijfstak van het eiland. Nu wordt er alleen nog graan, groente en fruit geoogst voor eigen gebruik.

Dans op de vulkaan

'Op 1 december 1730, tussen negen en tien uur 's avonds, barstte de aarde plotseling open. Dicht bij de Timanfaya verhief zich een reusachtige berg uit de schoot van de aarde. Er schoten vlammen de lucht in en ze brandden negentien dagen ononderbroken. Een paar dagen later opende zich een nieuwe kloof, waaruit woedende lavastromen tevoorschijn kwamen die Timanfaya, Rodeo en een deel van de Mancha Blanca bedekten. De lava stroomde over de dorpen, eerst bruisend en snel als water, dan zwaar en stroperig als honing.'
Aldus de berichtgeving van Don Lorenzo Curbelo, pastoor uit Yaiza en enige reporter van de vulkaanuitbarsting. Toen hij dit schreef, kon hij nog niet weten dat de erupties zes jaar zouden duren en dat het uiterlijk van het eiland volledig zou veranderen. Bijna een derde van het eiland werd bedolven onder het vloeibare gesteente, en de eens vruchtbare velden werden in de as verstikt. Nu meent men in de

bergen nog steeds het beven te voelen dat zoveel families de dood had ingejaagd. De vulkaan slaapt alleen maar, uitgestorven is hij beslist niet – dat bewijst de demonstratie op de berg **Hilario**. Voor de ogen van de bezoekers wordt een gat gegraven en het water dat erin wordt geschept, verandert onmiddellijk in een spuitende geiser, die iedereen doet huiveren: de aarde gloeit – slechts een paar meter onder het oppervlak!

Contrasten zonder weerga

Maar Lanzarote is méér dan vrijgevochten natuurgeweld. Maanlandschappen contrasteren met groene oasen, die de mensen moeizaam en vaak heel inventief aanlegden. Hun huizen passen volledig in het zwarte vulkaanlandschap: ze zijn vlak, als bescherming tegen de zon, en hebben witgekalkte muren, waarop de zonnestralen gereflecteerd worden. In Haría hebben de Campesinos duizenden palmbomen geplant, op de bergterrassen van **Tabayesco** groeien vijgen en amandelen, aardappelen en paprika's.

Aan de oostkust is het leven helemaal anders. Daar, waar het heuvellandschap zacht in de zee afhelt en zich brede stranden hebben gevormd, worden moderne vakantieverblijven neergezet. Ten zuiden van de luchthaven bevinden zich het bruisende **Puerto del Carmen** en het rustige **Playa Blanca**, in het noorden ligt de hoofdstad **Arrecife** en het verzorgde **Costa Teguise**.

Uitstapje met demonstratie: in het Parque Nacional de Timanfaya krijgen de bezoekers te zien wat de naam 'vuurberg' precies betekent...

Door een Genuees ontdekt, door een Normandiër veroverd

De Portugese koning Fernando I financierde in 1336 een expeditie naar de Afrikaanse kust. Hij hoopte op legendarische schatten en een directe toegang tot de goudproducerende landen in West-Afrika. De Genuees Lancelotto Malocello, toen een van de beste kapiteins, benoemde hij tot admiraal van de vloot. Deze rukte echter niet op naar het Afrikaanse continent, maar ontdekte een schijnbaar onbekende archipel, die sinds de klassieke oudheid in de vergeethoek was geraakt. Malocello belandde op het meest oostelijk gelegen eiland en liet er een fort bouwen op de berg Guanapay. Na zijn terugkeer zorgde hij ervoor dat het eiland als Insula de Lanzarotus Marocelus op de wereldkaart werd geregistreerd. De bewoners van het eiland interesseerden hem totaal niet, want volgens het middeleeuwse rechtssysteem waren het geen volwaardige mensen, aangezien het geen christenen waren. Zo kon de Portugese koning blijgezind verkondigen dat de ontdekte eilanden onbeheerd waren, 'aangezien we tot nu toe aan niemand het privilege hebben gegeven om ze te bezetten en te cultiveren'. De autochtonen waren Berbers, die waarschijnlijk vanaf 500 v.C. van het Afrikaanse continent waren overgekomen. Als geitenhoeders en boeren hadden ze een sober bestaan opgebouwd.
Door binnenlandse politieke rellen kon Portugal zijn aanspraak niet doen gelden. In plaats daarvan werd de Castiliaanse kroon een feit. In 1402 werd de Normandische baron Jean de Béthencourt gestuurd om de archipel te veroveren. Met meer dan 200 man zette de ridder op de Papagayostranden voet aan wal. Van daaruit rukten zijn troepen verder landinwaarts zonder op noemenswaardige tegenstand te stuiten. Het inheemse stamhoofd Guadarfía geloofde de vreedzame bedoelingen van de Normandiërs en stond de bouw van een fort toe, als vermeende verdediging tegen piraten. Maar terwijl Béthencourt in Spanje versterking zocht, richtte zijn stadhouder een bloedig regiment op. In 1404 werd een opstand van autochtonen onderdrukt door de nieuw aangebrachte troepen van Béthencourt. De paus had vooraf verkondigd dat iedereen die aan de Castiliaanse 'kruistocht' deelnam, van zijn zonden zou worden bevrijd.

Geschiedenis zonder glorie

Al in 1405 palmde Béthencourt ook Fuerteventura, Gomera en El Hierro in, maar bij de dichtbevolkte eilanden Gran Canaria, La Palma en Tenerife ging het mis. In de daaropvolgende jaren veranderde Lanzarote meermalen van eigenaar, maar het bleef Spaans. In 1448 nam de adellijke familie Herrera de heerschappij over. Meer dan 400 jaar lang waren de Lanzaroteños aan hen overgeleverd in voor- en tegenspoed. Ze

leefden van de landbouw en de bescheiden opbrengsten werden aangedikt met plundertochten langs de Afrikaanse kust. Daar voorzag men zich niet alleen van levensnoodzakelijke waren, maar ook van slaven, die op Lanzarote tot dwangarbeid waren veroordeeld.
Tegenwoordig hebben nog veel eilandbewoners Noord-Afrikaanse trekken en de architectuur met de typische minaretachtige torentjes lijkt Marokkaans geïnspireerd.

De strijd om te overleven

Na de vulkaanuitbarstingen van 1730 tot 1736 werd het eens vruchtbare land door lava bedekt. De nood maakte de boeren die op het eiland bleven, erg vindingrijk. Ze zagen al snel in dat de lavakorrels 's nachts dauw opnamen, die ze in de loop van de dag weer loslieten. Dus groeven ze diepe kuilen in de grond en plantten daarin groenten en wijndruiven. Eromheen maakten ze sikkelvormige muurtjes om de planten te beschermen tegen de wind. Het experiment lukte: uit troosteloze as ontsproot fris groen. Uien, pompoenen en linzen waren bestemd voor eigen verbruik, de wijndruiven voor export.
Op de lavavelden van **La Geria** gedijde vooral de **malvasía**, een zware wijn, die erg gewaardeerd werd door de Europese adel en koningshuizen. Als u wilt zien hoe deze hemelse drank toen geproduceerd werd, moet u een bezoek brengen aan de **Bodega El Grifo**, de oudste en grootste wijnkelder van de archipel, met aangesloten museum.
Toen Engeland, de grootste afnemer van de wijn, door conflicten met Spanje zijn deuren sloot voor deze Canarische drank, ging men in het begin van de 19de eeuw op zoek naar nieuwe exportgoederen. In **Mala-Guatiza** werden vijgcactussen geplant die optimaal aangepast waren aan de heersende droogte. Bovendien herbergden ze een zeldzame gast: de schildluis plantte zich op wonderbaarlijke wijze voort op de dikke, doornige bladeren. Canarios schraapten de witte larven eraf, doodden ze in kokend water en lieten ze vervolgens drogen. Als ze gemalen werden, kwam er een karmijnrode kleurstof vrij die erg geliefd was in de cosmetica-industrie. Er waren 150.000 larven nodig voor 1 kg kleurstof. Aan dit uiterst arbeidsintensieve product hing dan ook een gepeperd prijskaartje. Maar de hoop op economische bloei dankzij de cochenille zakte al snel in elkaar. Zodra de synthetische en goedkope anilines ontdekt werden, verminderde de vraag drastisch. De Lanzaroteños maakten nogmaals een moeilijke periode door, de armoede en de droogte verdreven veel bewoners uit het land.

De utopie van César Manrique

Het plan om Lanzarote te openen voor het internationale toerisme, werd eind jaren '60 gesmeed. Het toeval wilde dat César Manrique precies toen naar de Canarische Eilanden terugkeerde. Deze schilder en architect had naam gemaakt in de westerse wereld. Toen hij zag wat voor een gedrochten er al op de westelijke buureilanden waren gebouwd, was hij gechoqueerd: 'Het is droevig en deprimerend om thuis te komen en op gebouwen te stuiten die op geen enkele manier beantwoorden aan het klimaat en de schoonheid van de natuur.' Manrique was vastbesloten om 'zijn' eiland het lot van de buureilanden, Tenerife en Gran Canaria, te besparen en al zijn kennis uit het buitenland te benutten om de natuurlijke schoonheid van Lanzarote in ere te houden.

Zijn utopie was conservatief. Hij droomde van 'een paradijs van enkelen, die oog hebben voor het bijzondere'. Democratie betekende voor hem uniformering, en als het er overal ter wereld hetzelfde uitzag, zou reizen al snel saai worden. Lanzarote moest daarom iets bijzonders worden: het hele eiland een natuurmuseum, landschap en kunst in één harmonisch geheel. De bewoners moesten warm gemaakt worden voor de culturele waarde van hun sobere eiland en hun huizen moesten aan bepaalde normen, opgelegd door de regering, voldoen.

In zijn eentje was Manrique er niet in geslaagd het eiland om te vormen volgens zijn voorstellingen. Hiervoor had hij gelijkgezinden nodig. José Ramírez Cerdá, zijn vroegere schoolvriend, maakte eind jaren '60 onder

Het samensmelten van natuur en architectuur was de leidraad van de kunstenaar en bouwmeester César Manrique. Zijn fantasierijke woonhuis bouwde hij op een lavaveld.

Franco carrière en werd president van het eiland. Cerdá vond genoegen in het concept van een 'elitair toerisme' en bezorgde Manrique het nodige geld voor de realisering van de projecten. Voor de technische vertaling van de hoogstaande ontwerpen zorgde de kunstenaar Jesús Soto.

Manrique heeft het uiterlijk van het eiland blijvend getekend. Met de bouw van het vijfsterrenhotel Meliá Salinas heeft hij de basis gelegd voor het vakantieoord Costa Teguise. In Pueblo Marinero maakte hij een replica van een traditioneel dorpsplein. Door het gebruik van panoramavensters slaagde hij erin de blik te openen voor de schoonheid van de natuur. Het resultaat kunt u beoordelen, bijvoorbeeld in Castillo San José in Arrecife, in het restaurant El Diablo in de vuurbergen en in Mirador del Río vlak bij Haría. Of ook in zijn eigen huis, dat helemaal vrij is van overtolligheden en een harmonisch geheel vormt met licht en lava. Door zijn hele werk loopt zijn fascinatie voor lava als een rode draad – de grottencomplexen van Cueva de los Verdes en Jameos del Agua zijn beslist een bezoek waard.

Schandvlekken

Manriques ideeën leven nog altijd voort, maar zijn droom van een 'paradijs voor enkelen' is niet uitgekomen.

Al aan het einde van de jaren '80 vormden zijn tegenstanders een front. Er moesten meer toeristen naar het eiland worden gelokt, en om dit te bereiken moesten er meer hotels en appartementen komen. Verder zou het weliswaar maar bij drie toeristische centra blijven, maar bij de uitbreiding ervan speelden de esthetische voorwaarden van Manrique steeds meer een ondergeschikte rol. Toen de kun-

TIP

Guinate Park Groot vogelpark met onder andere flamingo's, toekans en pinguïns. Meerdere malen per dag tonen papegaaien hoe goed ze kunnen fietsen en dansen. In dit park stelen niet alleen vogels, maar ook stokstaartjes de harten van de bezoekers. Ze zijn zo vriendelijk, dat u er het liefste een mee naar huis zou willen nemen. Verder oogsten de bewoners van het uilenverblijf, midden op het domein gelegen, veel bewondering. Vlak bij het park (achter het parkeerterrein) leidt een weg naar een prachtig uitzichtpunt. Guinate, dagelijks open stenaar eens voor lange tijd in het buitenland vertoefde, vond hij bij zijn terugkeer naar Arrecife een flatgebouw van 15 verdiepingen dat nog steeds als schandvlek het silhouet van de hoofdstad bepaalt. En ook na zijn dood – Manrique kwam op 25 september 1992 bij een auto-ongeval om het leven – ging de bouwwoede lustig verder.

Een eiland in opmars

Puerto del Carmen strekt zich nu al over meer dan acht kilometer langs de kust uit, en ook Costa Teguise en Playa Blanca breiden zich steeds verder uit. Er ontstaan winkel- en uitgaanscentra zoals op Gran Canaria en Tenerife, en ook het reclameverbod is in de kuststeden achterhaald.
Sinds het zonovergoten eiland met de titel 'biosfeerreservaat van de UNESCO' mag pronken, dreigen consumptie en commercie ook landinwaarts te trekken. De toegangsprijzen voor 'Manrique-bezienswaardigheden' gaan de hoogte in en de vulkanen en andere natuurwonderen worden rijkelijk voorzien van parkeergelegenheid. Zo belooft het ecologisch georiënteerde toerisme voor de komende jaren meer inkomsten – geënsceneerde natuur doet het goed bij een hoofdzakelijk Duitse cliëntèle, die verlangt naar iets dat 'nog in orde' is.

De fruitige vulkaanwijn van La Geria rijpt in een verzorgd en indrukwekkend cultuurlandschap.

Naar Lanzarote reist u het best met het vliegtuig. Chartervluchten zijn aangenaam en voordelig van prijs. De vlucht duurt zo'n vier uur, wat niet echt onoverkomelijk is.

Met het vliegtuig Lanzarote is het beste te bereiken met het vliegtuig. Er zijn meerdere malen per week rechtstreekse verbindingen vanuit Brussel en Amsterdam. De vluchttijd bedraagt 4 tot 5 uur. De prijs kan variëren naargelang het seizoen. Algemeen geldt: hoe vroeger u boekt, hoe goedkoper de vlucht. Last minutes zijn vaak vroeg volgeboekt. Houd ook rekening met extra toeslagen voor bagage, omboekingen, zitplaatsreservatie en brandstoftaksen.
Het transport van sportuitrusting doet de prijs van een ticket stijgen. Geef daarom de uitrusting (golfclubs, surfplank, fiets) al aan als u uw reis boekt.

Van de luchthaven naar uw hotel De aantrekkelijke, door César Manrique ontworpen luchthaven ligt zes kilometer ten zuiden van de hoofdstad. In de aankomsthal vindt u een toeristische dienst voor informatie en autoverhuur, een krantenwinkel en een café. Alle vakantiegangers die een totaalarrangement hebben geboekt, worden opgehaald en met de bus naar hun hotel gebracht. Een rit duurt ongeveer 20 minuten naar Puerto

De meest sfeervolle manier van reizen is ongetwijfeld de overtocht per schip.

del Carmen, 30 minuten naar Costa Teguise en een uur naar Playa Blanca.
Als individuele reiziger kunt u geen beroep doen op deze gratis busdienst. U kunt in de luchthaven een auto huren of u neemt gewoon een taxi of bus. Bijna alle taxi's hebben tegenwoordig een meter en er bestaan ook prijslijsten.
De bus is het goedkoopste vervoermiddel en rijdt vanuit Arrecife naar alle belangrijke steden en dorpen op het eiland.

Met de boot

Traag maar mooi: de Spaanse scheepvaartmaatschappij Acciona Trasmediterránea verzorgt een regelmatige veerbootverbinding met de Canarische Eilanden. Het comfortabele schip vertrekt vanuit de Andalusische stad Cádiz en bereikt dan twee dagen later de haven van Las Palmas de Gran Canaria. Daar moet u jammer genoeg overstappen en misschien zelfs een overnachting boeken voordat u verdergaat naar Lanzarote. De terugvaart verloopt eenvoudiger, het schip vaart van Las Palmas de Gran Canaria via Arrecife direct naar Cádiz.
De prijs voor het vervoer van fietsen, motors, auto's en kampeerauto's varieert naargelang het voertuig in kwestie. Wij raden u aan op voorhand inlichtingen in te winnen.
Voor vier personen plus auto zijn er interessante voordeelprijzen (**Paquete Ahorro**). De veerboot is vaak weken van tevoren volgeboekt. Tijdig reserveren is hier de boodschap.

www.trasmediterranea.es
Inlichtingen en reservering:
Iberia
Brussels Airport, Zaventem
Tel. (+32) 70 70 00 50
Stadhouderskade 2,
Amsterdam,
Tel. (020) 685 04 01

Vuurbergen en lavagrotten, cactustuinen en afgelegen stranden, ideaal voor daguitstapjes. U hoeft niet naar Lanzarote te gaan om 14 dagen bij het hotelzwembad te liggen.

Met de auto Als u het binnenland wilt leren kennen, huurt u het best een auto. Autoverhuurbedrijven vindt u in alle toeristische centra aan de kust en in de luchthaven. Wie een auto wil huren, moet al minstens één jaar een geldig rijbewijs hebben en 21 zijn. Bovendien moet u uw identiteitskaart of reispas kunnen voorleggen.
Dankzij de concurrentie tussen de bedrijven is de prijs relatief laag. Het loont de moeite de diverse prijzen bij de verschillende bedrijven te vergelijken. Het beste aanbod op Lanzarote vindt u hoogstwaarschijnlijk bij de firma Cabrera Medina. Bijkomend voordeel: het bedrijf bezit meer dan 25 filialen op het eiland (op de luchthaven, maar ook in Puerto del Carmen, Playa Blanca en Costa Teguise). U kunt uw auto zonder meerprijs bijvoorbeeld in Puerto del Carmen afhalen en bij de luchthaven achterlaten.

Cabrera Medina ■ D5
Central de Reservas
Autovía Arrecife-Aeropuerto
Playa Honda
www.cabreramedina.com

Het spectaculaire landschap van Lanzarote verleidt ook verstokte zonaanbidders tot een daguitstapje met een huurauto.

Benzine (**gasolina**) is op de Canarische Eilanden gesubsidieerd en niet duur. De tankstations zijn doorgaans van maandag tot zaterdag van 7-21 uur open, in Arrecife zelfs dag en nacht. De maximumsnelheid in de bebouwde kom bedraagt 50 km/u, erbuiten 90 km/u. De gordel is verplicht en de promillegrens bedraagt 0,5. Gele respectievelijk rood-witte stoepranden duiden op een parkeerverbod en bij blauw-witte markering is slechts even stilstaan toegelaten. De boetes zijn gepeperd; over de witte middenstreep rijden levert u trouwens ook een fikse boete op!

Met de bus Het bussysteem is centraal op Arrecife afgestemd. U kunt daarom gemakkelijk vanuit alle toeristencentra de hoofdstad bereiken. Als u andere dorpen wilt leren kennen, moet u echter overstappen in Arrecife en vaak lang op aansluiting wachten. De enige uitzondering is de verbinding Teguise-La Caleta de Famara.
De dienstregeling vindt u bij elke toeristische dienst en in heel wat hotelrecepties.

Met de taxi Ieder dorp heeft zijn eigen taxistandplaats (**parada de taxi**). De auto's zijn herkenbaar aan het SP-plaatje (**Servicio Público**) of aan een groen licht op het dak.
De prijzen voor ritten van dorp tot dorp zijn van overheidswege vastgelegd en u kunt ze vinden op een officiële prijslijst, die iedere taxicauffeur bij zich moet hebben. Zo kunt u dus nooit te veel betalen.

Bootexcursies langs de kust Excursies voor een dag of een halve dag vertrekken vanuit **Playa Blanca, Puerto Calero** en **Puerto del Carmen**. Bij heel wat excursies worden de Papagayostranden aangedaan en de lunch wordt aan boord geserveerd. In een duikboot kunt u de bonte onderwaterwereld op 30 m diepte leren kennen.
De vertrektijden en prijzen vindt u bij de reisbureaus en infostanden aan de haven.

Bootverbindingen naar de andere eilanden Enkele keren per week varen er vanuit Arrecife veerboten van de scheepvaartmaatschappij Trasmediterránea naar de westelijke buureilanden, bijvoorbeeld naar Puerto del Rosario (Fuerteventura), Las Palmas (Gran Canaria) en naar Santa Cruz de Tenerife (Tenerife).

Vanuit Playa Blanca bereikt u Corralejo (Fuerteventura) in slechts 25 minuten. De privérederijen Fred Olsen en Armas concurreren met elk vier tot vijf overtochten per dag.
'Buganvilla', de comfortabele Olsen-veerboot, kan meer dan 100 auto's en 1000 personen vervoeren. Hij vertrekt gewoonlijk dagelijks om 8, 10, 14 en 18 uur (met pendelbus Puerto del Carmen-Playa Blanca om 8 uur), de terugvaart is doorgaans voor-

zien om 9, 11, 17 en 19 uur (met pendelbus Playa Blanca-Puerto del Carmen om 17.55 uur). Kinderen en jongeren krijgen korting. De overzet per auto is ook de moeite waard.

Líneas Fred Olsen ■ b3, blz. 71
Terminal Playa Blanca
Muelle Playa Blanca
Tel. +34 902 100 107
www.fredolsen.es

Vanuit Órzola vaart een klein passagiersschip naar het eiland La Graciosa, telkens om 10, 12 en 17 uur. De terugvaart is doorgaans voorzien om 8, 11 en 16 uur.

Líneas Marítimas Romero
Tel. +34 902 401 666
www.lineasromero.com

Afstanden (in km) tussen de grotere plaatsen op Lanzarote

	Arrecife	Costa Teguise	El Golfo	Haría	Órzola	Playa Blanca	Puerto del Carmen	San Bartolomé	Teguise	Tinajo
Arrecife	–	6	40	29	47	35	16	8	12	20
Costa Teguise	6	–	46	27	34	41	22	11	15	23
El Golfo	40	46	–	59	79	18	30	35	43	33
Haría	29	27	59	–	18	61	39	27	17	36
Órzola	47	34	79	18	–	79	57	45	35	53
Playa Blanca	35	41	18	61	79	–	29	34	44	32
Puerto del Carmen	16	22	30	39	57	29	–	12	22	20
San Bartolomé	8	11	35	27	45	34	12	–	10	12
Teguise	12	15	43	17	35	44	22	10	–	18
Tinajo	20	23	33	36	53	32	20	12	18	–

Liefdevol gerestaureerde finca's en prachtige villa's in het binnenland, vakantiedorpen aan de kust met comfortabele hotels, appartementen en pensions... aan u de keuze.

De meeste hotels en appartementsgebouwen vindt u in de drie vakantiedorpen aan de kust. Hier zit meer dan 90% van alle vakantiegangers: het bruisende Puerto del Carmen en het rustigere, ietwat verouderde Costa Teguise en het verfijnde en sjieke Playa Blanca aan de jachthaven.
Westerse touroperators zijn overal op het eiland aanwezig en hebben hun eigen 'contracthotels': ze huren op voorhand een vast aantal kamers in ruil voor gunstige voorwaarden. Daarom valt een overnachting voor de individuele reiziger vaak heel wat duurder uit dan voor de boekers van een totaalarrangement.

Van tophotel tot appartement
De hotels worden met sterren in vijf categorieën ingedeeld, de appartementen met sleutels in drie. Hoe hoger het aantal sterren respectievelijk sleutels, hoe meer service en comfort. Ligging, sfeer en architectuur worden niet meegerekend bij de waardering. Het is dus volstrekt mogelijk dat u zich in een klein, liefdevol ingericht strandhotel met één of twee sterren een stuk

Is Playa Blanca uw vakantiebestemming, dan hebt u gekozen voor zon, zwemmen, surfen of luieren en veel rust.

beter voelt dan in een viersterrenhotel met marmeren zwembad en een druk nachtleven.
In alle officieel geregistreerde logies moet de prijslijst duidelijk zichtbaar aan de receptie of in de kamers hangen. Bij een langdurig verblijf wordt een prijsvermindering toegepast. De prijzen liggen telkens voor een heel jaar vast.

Reserveren Er worden doorgaans altijd tweepersoonskamers aangeboden.
In het hoogseizoen kunt u een hotel meestal alleen met half- of volpension boeken. Het hoogseizoen loopt van 1 november tot 30 april. In deze periode moet u vroeg genoeg boeken, want de hotels zijn dan vol, en vaak zelfs overboekt.
De officiële hotelgids 'Guía de Alojamientos Turísticos de Canarias', die jaarlijks wordt uitgegeven door het Staatssecretariaat voor Toerisme, is niet zo'n goede hulp: hij is onvolledig en vaak achterhaald.
Als u uw vakantie wilt doorbrengen in een bepaald hotel, dat niet deel uitmaakt van een totaalarrangement, of als u de eerste nacht zeker een dak boven uw hoofd wilt hebben, moet u vóór uw vertrek telefonisch reserveren (het landnummer van Spanje is 00 34, dan volgt het nummer van het hotel respectievelijk pension).
Eigenaars van appartementen en pensions geven de voorkeur aan gasten die minstens drie dagen of liever nog een week blijven.
Hotels worden verder toegelicht in het hoofdstuk 'Mooie steden en dorpen'.

Camping Vrij kamperen is op Lanzarote verboden. Ook op de Papagayostranden ten oosten van Playa Blanca en de kuststrook ten zuiden van Órzola kunt u moeilijkheden verwach-

TIP

Vakantie op het platteland Lanzarote heeft, buiten het massatoerisme, een brede waaier aan mooi logies te bieden. U kunt kiezen tussen nieuwe huizen in traditionele stijl, gerestaureerde hoeves, opgeknapte molens en wijnboerderijen. De comfortabele inrichting met verschillende kamers, keuken en bad hebben ze alle gemeen. Als u hier logeert, bent u aangewezen op een huurauto, want de openbare busdienst is niet goed uitgebouwd. Wenst u te reserveren, dan richt u zich tot de centrale in Teguise: IslaViva; http://www.teguise.com/islaviva; maandag en zaterdag gesloten ■ b2, blz. 51

ten. Er blijven nog kampeerzones in het noorden van het eiland over, waar u uw tent gratis mag opzetten, mits toestemming van de gemeente.
Vraag in **Haría** naar de kampeerplaatsen. Als u geen Spaans spreekt, hebt u echter weinig kans van slagen.

Prijsklassen

De prijzen gelden voor een overnachting van twee personen in een tweepersoonskamer met ontbijt.
Luxeklasse: vanaf 120 €
Hoge prijsklasse: vanaf 80 €
Gemiddelde prijsklasse: vanaf 40 €
Lage prijsklasse: tot 40 €

Luxegoed in landhuisstijl: de Finca de las Salinas in Yaiza biedt haar gasten een uitgelezen, maar toch gezellige sfeer – hier worden alle zintuigen verwend.

Pittig, inheems en copieus is de keuken van Lanzarote. Als tussendoortje lonken de heerlijke kleine hapjes, de 'tapas'. Daarbij wordt een fruitige malvasíawijn gedronken.

De keuken in de vakantieoorden is volledig aangepast aan toeristen. Er zijn steak houses en pizzeria's, Chinese restaurants en Mexican grills. Als u de Canarische keuken wilt leren kennen, gaat u naar de gelegenheden waar de eilandbewoners eten. Dat kan een taverne in de haven zijn, bijvoorbeeld in het oude centrum van Puerto del Carmen of aan de promenade van Playa Blanca, of een bar in Arrecife. Zodra u hebt plaatsgenomen, hebt u al een biertje in de hand en laat u zich verleiden tot **tapas**. Die bestaan onder andere uit lekkere **tortilla** en **jamón serrano**, vis-, vlees- en groentehapjes. Is deze tapa niet voldoende, dan bestelt u een **ración** of minstens een **media ración** (halve portie). Bodega's zijn minder geschikt voor hongerige zielen, want daar serveert men alleen wijn, met hooguit een paar pinda's of wat kaas.

Vis: licht, sappig en zacht Op geen enkel Canarisch Eiland speelt vis op de menukaart zo'n grote rol als op Lanzarote. De vissersvloot van het eiland is ook de grootste van de archipel. Dagelijks varen de boten uit naar de vruchtbare visgrond voor de Saharakust. Hun actieradius is echter omstreden: vissers die zonder 'vlootbescherming' op vangst gaan, hebben al vaak bruut kennisgemaakt met de Marokkaanse kustwacht.

In alle kustplaatsen kunt u verse vis eten: iets duurder in de toeristische centra, goedkoper in iets afgelegen plaatsen, zoals Arrieta en Órzola, La Caleta de Famara en El Golfo, waar u bij de

De Canarische keuken mag gezien en geproefd worden. Visliefhebbers komen op Lanzarote extra aan hun trekken.

lekkere vis kunt genieten van de hoge golven. Er wordt vooral **cherne** (grote zeebaars) gevangen. Daarnaast is er ook een aanbod van **sama** (roodbaars) en **bonito** (tonijn), evenals **vieja** (papegaaivis), die smaakt als karper. Als u de voorkeur geeft aan vis zonder graten, bestelt u **filete de lenguado** (zeetongfilet), maar deze vis is wel geïmporteerd.

Vlees: eerder uitzondering Bij bijzondere gelegenheden, ook steeds vaker op zon- en feestdagen, veroorloven de Lanzaroteños zich lams- en geitenvlees. In augustus, wanneer het jachtseizoen begint, doen ze hun bijnaam **conejeros** alle eer aan. Er zijn veel **conejos** (konijnen) op het eiland, en ze worden door de bewoners met veel animo klaargemaakt. Het varkens- en rundvlees komt van het Spaanse vasteland, de beste **solomillos** (lendenstukken) uit Argentinië.
De eilandbewoners bereiden het vlees graag **en adobo**: ingelegd in een marinade van knoflook, oregano en olie, wordt het vlees vervolgens gebakken of gegrild. Altijd lekker bij vis of vlees zijn de **papas arrugadas con mojo**: kleine, jonge aardappeltjes, die ongeschild in sterk gezouten water worden gekookt, tot het uitgekristalliseerde zout een zilverachtige korst achterlaat op de aardappelen. Ze worden dan in **mojo** gedoopt, een pittige saus die rood of groen van kleur kan zijn. De 'rode' bevat onder andere chili en paprika, de 'groene' peterselie en koriander. Ook de knapperige salade ontbreekt niet – natuurlijk met de beste uien van Spanje, de **cebollas de Lanzarote**. Groenten worden zelden geserveerd. Tast zeker toe als er 'lentejas' – linzen – op de kaart staan.

Dessert: zoet of hartig In restaurants zult u niet vaak typisch Canarische zoetigheden vinden. Als er **bienmesabe**, **torrijos** of **tarta casera** op de kaart staat, aarzel dan niet: heerlijke caloriebommen, bereid met uitstekende ingrediënten. **Bienmesabe** – letterlijk vertaald 'het smaakt me goed' – is een amandel-honingcrème, die ook bij taart of ijs geserveerd wordt. **Torrijos** zijn fijne, met anijs op smaak gebrachte deegtasjes, gevuld met een puree van zoete aardappelen, amandelen en rozijnen. **Tarta casera** is meestal een chocolade- of vanilletaart, ook bekend in Midden-Europa. Of **gofio de miel**: met honing en melk wordt gofio tot een vast deeg geroerd en vervolgens in kleine stukken gesneden; zoete bonbons par excellence.
Als u niet van zoet houdt, kiest u voor de inheemse geitenkaas. Er bestaat zachte geitenkaas (**queso tierno**), halfrijpe (**queso semicurado**) en pittig-zware (**queso curado**). Of als compromis **pudín de queso fresco**, pudding van geitenkaas en eieren!

Vurige wijn, geteeld op vulkanen De meest geliefde wijn is de droge, witte en fruitige malvasía

(**malvasía seco**), die een laag alcohol- en zuurgehalte heeft. Hij past uitstekend bij visgerechten, maar ook bij rijst en pasta **à la marinera**. Zijn tegenhanger is de zware, likeurachtige **malvasía dulce,** die als aperitief of dessertwijn wordt gedronken. Er wordt ook een **Brut Nature** geproduceerd: schuimwijn die drie jaar lang wordt opgeslagen voordat hij zijn aroma ontvouwt.
Waar kunt u wijn kopen die niet is aangelengd met goedkoop vocht van het vasteland? Er zijn op Lanzarote twaalf grote bodega's. Een goede keuze vindt u beslist in El Grifo dicht bij Masdache, of in de wijnkelder van Mozaga. Let er altijd op dat de wijn voorzien is van het zegel **Denominación de origen**!

Etenstijd De lunch (**almuerzo**) wordt doorgaans van 13 tot 16 uur genoten, het avondeten (**cena**) van 20 tot 23 uur. In toeristenoorden worden de openingstijden aangepast aan de vakantiegangers. Het avondeten wordt er meestal al vanaf 19 uur geserveerd.
Voor de kleine honger tussendoor zijn er de **tapas**: kleine, smaakvolle porties vis, vlees en salade die u aan de bar kunt uitkiezen.
Restaurantbeschrijvingen vindt u bij elke plaats in het hoofdstuk 'Mooie steden en dorpen'.

Prijsklassen

De prijzen gelden voor een menu met voorgerecht en dessert.
Luxeklasse: meer dan 35 €
Hoge prijsklasse: 25-35 €
Gemiddelde prijsklasse: 15-25 €
Lage prijsklasse: tot 15 €

TIP

Malvasíawijn Wie het niet gelooft, kan het nagaan: in het derde bedrijf van de komedie 'The merry wives of Windsor' (scène 2, regel 80) roemt William Shakespeare de lievelingswijn van de Lanzaroteños. Hij smaakt inderdaad uitstekend, en iedere Lanzarotebezoeker zou alles in het werk moeten stellen om tijdens zijn bodega-tour een glaasje van deze wijn te bemachtigen. Wie nog wat vakantiegeld over heeft, zal deze wijn wellicht ook willen kopen.

Juwelen uit groen olivien, minigitaren en hoeden uit palmbladeren: de klassieke souvenirs uit Lanzarote. Ze zijn niet goedkoop, maar wel origineel als vakantieherinnering.

César Manrique
Wie geïnteresseerd is in César Manrique, kan ongetwijfeld interessante ontdekkingen doen in zijn geboortehuis in Tahiche, in Teguise en op de luchthaven. Op die plaatsen vindt u in de winkels van zijn stichting T-shirts, mutsen en rugzakken met de ontwerpen van de meester erop. Er is ook een grote keus aan films over Lanzarote.

Culinair
Wie liever wat lekkernijen mee naar huis neemt, vindt vooral in Teguise zijn gading. Het aanbod aan delicatessen in de kleine winkeltjes is heel uitgebreid. In het Casa de la Palmera vindt u alles wat de Canarische Eilanden te bieden hebben: jam van mango en papaja, tomaten en kweeperen, mojo-sauzen, pikant ingelegde Almogrote-kaas en lokale wijn. Wie daar zin in heeft, kan de culinaire shoppingdag afsluiten in de Queseria El Faro in de straat naar Tahiche. Hier wordt geitenmelk verwerkt tot zes verschillende soorten kaas.

Kunsthandwerk
Borduurwerk, keramiek, vlechtwerk, juwelen uit het smaragdgroene olivien... het traditionele kunsthandwerk wordt in Lanzarote nog hoog in het vaandel gedragen en wordt door de regering gesteund. Uitzonderlijke koopjes vindt u echter niet, want alle geproduceerde handwerkjes hebben hun prijs. Wie de vakmensen aan het werk wil zien, kan terecht in het Museo del Campesino in Mazaga of het Centro de Artesanía in Haría. Bijzonder origineel is het

Wat vindt u van een culinair souvenir? Zorgvuldig verpakt zijn zulke specialiteiten – bv. de pittige geitenkaas – probleemloos mee naar huis te nemen.

keramiek van Lanzarote. Het wordt met de hand gevormd, zonder pottenbakkersschijf en ongeglazuurd gebakken in de steenoven. De schalen, kopjes en kruiken zijn prachtig in hun eenvoud, roestrood of diepzwart zoals de vulkaan. Ook de figuren die geïnspireerd zijn op de legenden van het eiland stralen een grote archaïsche kracht uit.

Supermarkten
Bezoekers van het eiland hoeven niets te missen – de supermarkten zijn goed gesorteerd, zelfs in kleine plaatsen zoals Mala en Arrieta. U vindt er biologische muesli en heerlijk vers volkorenbrood, in het koelvak Ierse boter, ijsjes en vis. Sigaretten en tabak zijn relatief goedkoop, net als parfum en cosmetica.

Openingstijden De winkels zijn doorgaans van maandag tot vrijdag geopend van 9-13 uur en 17-20 uur en op zaterdag van 9-13 uur. In toeristenoorden zijn veel winkels ook op zaterdagavond en zondag open.

TIP

Zondagsmarkt in Teguise Op de grootste zondagsmarkt van het eiland stellen kunsthandwerkers, boeren en handelaars in prullaria hun waren tentoon. Toeristen vinden hier alles wat hun hartje begeert. Voor wie het op deze markt te druk wordt, is de markt op vrijdag in Costa Teguise een prima alternatief. Veel minder commercieel is de zaterdagmarkt in Haría, waar kunsthandwerkers uitsluitend artikelen aanbieden die ze zelf hebben gemaakt.

Duikers komen het beste aan hun trekken in het noorden; aan de oostkust kunt u zwemmen, surfen en zeilen. Bovendien zijn de stranden van Lanzarote beter dan hun reputatie.

Lanzarote is niet alleen een eiland voor geletterden. Ieder jaar zijn er meer mensen die een actieve vakantie kiezen. Het is dan ook geen toeval dat het grootste sporthotel van de Canarische Eilanden zich op Lanzarote bevindt. **Club La Santa** aan de westkust biedt alles wat een sportershart begeert: van aerobic en krachttraining tot diverse balspelen, tennis, golf en windsurfen.

Bijna alle hotels en appartementencomplexen hebben verlichte tennisbanen, aan de Costa Teguise is er een golfbaan en in Uga kunt u paarden huren voor een rit. Maar in de eerste plaats komen de windsurfers aan hun trekken. De kusten aan de oostkant zijn geschikt om te surfen, evenals – alleen voor gevorderden – de Playa de Famara in het noordwesten. In de winter krijgt deze sport het moeilijk, want dan komt de wind uit alle richtingen en kan het behoorlijk stormen.

Ook wandelaars hebben de charme van dit eiland ontdekt. De mooiste weg loopt van **Mirador del Río** naar de kust.

Er zijn veel duikscholen die gekwalificeerde cursussen geven en spannende excursies voor beginners en gevorderden maken, zoals naar het onderwaterparadijs van Puerto del Carmen.

Op Lanzarote kunt u prima fietsen zonder puffen, tenzij u natuurlijk in de ergste (middag) hitte op uw fiets stapt.

Deltavliegen

Het meest geliefde vertrekpunt is de Risco de Famara. Vanaf hier laten de deltavliegers zich zweven naar het strand beneden. Andere goede plaatsen zijn Mirador del Río, Mala en Montaña Tinasoria (achter Puerto del Carmen).

Golf

De 18-holes golfbaan ten noordwesten van Costa Teguise, een groen juweeltje te midden van het grauwe vulkaanlandschap, voldoet aan de hoogste eisen. Clubs en wagentjes kunnen ter plaatse gehuurd worden. U kunt er ook golflessen volgen. Een tweede 18-holes-baan vindt u bij Puerto del Carmen, aan de weg naar Tías.

Fietsen

Door de geringe hoogteverschillen ontaardt uw fietstocht op Lanzarote niet in stress. Er zijn onder andere verhuurcentra in Puerto del Carmen, Costa Teguise en Playa Blanca, waar er ook daguitstapjes worden georganiseerd. Op de vulkaanbergen en in natuurparken mag u niet off-road fietsen!

Paardrijden

Rancho Texas, de bekendste manege op het eiland, ligt in Cortijo de las Casalones, een finca aan de oostrand van Puerto del Carmen. De manege **Lanzarote a Caballo** op de weg naar Uga is iets kleiner, maar heeft ook cursussen voor beginners en gevorderden. U kunt paardrijden door het vulkaanlandschap en naar Playa Quemada.

Zeilen

Aanmeerplaatsen zijn er in de havens van Arrecife en Puerto del Carmen, in Órzola en Caleta del Sebo. Ten zuiden van Puerto del Carmen, in Puerto Calero en in Playa Blanca ligt een elegante jachthaven.

Sportvissen

In Playa Blanca, Puerto del Carmen en Puerto Calero kunt u deelnemen aan zeevisserij-uitstapjes.

Windsurfen

De eilandbewoners noemen de windsurfers ook ‘niños del viento’ (kinderen van de wind). Beginners vinden de beste plaatsen aan de Costa Teguise. Ideaal voor gevorderden zijn de Famarabaai en de Jameos del Agua. Surfers flitsen ook graag van Playa Blanca langs Lobos naar Fuerteventura – bij deze trip is er ook een boot van de partij. Aan alle vakantieoorden zijn windsurfcentra te vinden waar u een uitrusting kunt huren en les kunt krijgen voor beginners en gevorderden.

Duiken

De beste plaatsen voor deze sport bevinden zich in de natuurbeschermde zee-engte van El Río en rond het rotseiland Lobos.
Beginners kiezen de riffen van Puerto del Carmen en zwemmen langs de met algen bedekte wrakstukken van gekenterde schepen. Er zijn duikscholen in Costa Teguise en Puerto del Carmen, in Playa Blanca, Puerto Calero, La Santa en Arrieta.

Tennis

Veel hotel- en appartementencomplexen beschikken over eigen tennisvelden, een aantal zelfs verlicht.

Stranden

De bijna 200 km lange kust heeft 88 stranden. Er zijn 27 witte zandstranden, 30 zwarte en de overige zijn rotsstranden.

Arrecife ■ D5
Playa del Reducto: dit lange, witte zandstrand voor hotel Lancelot is dankzij de riffen beschermd tegen gevaarlijke stromingen.

Arrieta ■ E3
Playa de la Garita: dit strand ligt in het zuiden van Arrieta en is geliefd bij Canarische golventemmers.

Costa Teguise ■ E5
Van alle kunstmatige baaien is de uitgestrekte Playa de las Cucharas de populairste.
De baai strekt zich uit van Hotel Meliá Salinas tot Mole aan Futuro Puerto Deportivo.

Dromen uit water en zand: De Playas de Papagayo (Papegaaienstranden) doen de harten van zonaanbidders sneller kloppen.

La Caleta de Famara ■ D4
De Playa de Famara behoort tot de mooiste stranden van het eiland. Romantisch kader met hoog uitstekende rotswand. Het 1 km lange surfparadijs is echter minder geschikt om te zwemmen.

El Golfo ■ A5
Pekzwart kiezel-zandstrand ten zuiden van het gelijknamige dorp. Smaragdgroene lagune.

Órzola ■ E3
Deze mooie, kleine baaien zijn bereikbaar via zijpaden van de weg naar Arrieta.

Papagayo ■ B6
Wit zandstrand onder natuurbescherming in het zuiden van Lanzarote. Tijdens de zomermaanden komen veel Spaanse families hier in tenten kamperen – wat eigenlijk verboden is.

TOPTEN 3

Playa Blanca ■ A6/B6
Buiten het strand aan de promenade zijn er nog twee kunstmatig aangelegde stranden: de Playa Dorada in het oosten en de Playa Flamingo in het westen.

Puerto del Carmen ■ D6/D5
Hier vindt u het ene lichtgekleurde zandstrand naast het andere. Op de Playa Blanca, die zich van Hotel Los Fariones verder oostwaarts uitstrekt, sluiten zich Playa de los Pocillos en Playa de Matagorda aan, zeer geliefd bij watersporters en surfers.

Salinas de Janubio ■ A5
Lang, zwart zandstrand ten zuiden van El Golfo. Niet te ver in zee zwemmen!

TIP

Wandelen op het vuureiland Het aanbod is niet zo ruim als op Gran Canaria en de westelijke eilanden van de archipel, maar vooral het Famaramassief bezit heel wat charme. Als u de vuurbergen al wandelend wilt leren kennen, kunt u deelnemen aan een wandeltocht onder leiding van de directie van het nationaal park. De tocht vanaf Yaiza is gemakkelijk, die langs de kust iets moeilijker. Veertien dagen vooraf aanmelden in het bezoekerscentrum van het nationaal park, Ctra. Yaiza-Tinajo km 11,5, Mancha Blanca, (ma-vr open). ■ C4

De fiësta's ter ere van de beschermheiligen vinden in de openlucht plaats. Na de processie volgt de pret: tot diep in de nacht wordt er gepraat, gelachen en gedanst.

De katholieke Kerk stond niet altijd achter de feesten. Er wordt nu nog steeds gesproken over bisschop Pildain, die tijdens Franco streng waakte over de naleving van zeden en goed gedrag. Vooral de dans vond hij verdacht. Volgens de bisschop ontketende hij erotiek en verleidde de mensen tot ongeremde obsceniteiten. Nu is de tijd van verbod voorbij en mag er weer vrij gefeest worden. Vooral met carnaval gaat het er wild aan toe. Vroeger heette het feest **Los Diabletes** (de duiveltjes). Half als duivel, half als geitenbok verkleed liepen de eilandbewoners de straat op en verdreven met groteske dansen de gure winter. De Kerk verbood ook dit spektakel, maar het bleef in het geheim voortbestaan. In de middeleeuwse steegjes van Teguise komt u de duivels nog altijd tegen – maar loop hen niet in de weg, want dan gebruiken ze hun horens. In de hoofdstad is carnaval frivoler: opvallend veel mannen paraderen rond met buitenproportionele borsten. Met opzichtige make-up en hoge hakken stappen ze door de menigte en genieten ervan om voor één nacht vrouw te zijn.

De feesten op Lanzarote zijn kleurrijk en uitbundig.

Januari

Fiesta de Nuevo Año

Ter verwelkoming van het nieuwe jaar is er een prachtig vuurwerk, er worden naar aloude Spaanse traditie druiven gegeten en overal worden champagneflessen ontkurkt.

Fiesta de los Reyes

Op 5 januari wordt er op veel plaatsen de aankomst van de Driekoningen gevierd met een grote optocht, de cabalgada. Een processie van tientallen kamelen trekt door de hoofdstad Arrecife. De koningen Melchior, Kaspar en Balthazar lopen door de straten en gooien bonbons naar de omstanders.
Op kleinere schaal viert men dit feest ook in Puerto del Carmen, Teguise, Yaiza en Tías. Het is vooral een feest voor de kinderen, die de dag daarna hun gegeerde kerstcadeautjes krijgen.

Festival de Música

In het kader van het Canarische muziekfestival vinden er op veel plaatsen op het eiland verschillende concerten plaats.
Kaarten zijn te koop aan de avondkassa of in voorverkoop in het cultureel centrum van Arrecife.

Februari

Fiesta de Carnaval

Een exceptionele week in de hoofdstad Arrecife.
De bonte optocht wordt aangevoerd door een 'koningin' in een sexy glitterpakje.
Vervolgens wordt er gefeest op samba- en salsamuziek. Het hoogtepunt is de 'begrafenis van de sardien' aan de Castillo de San Gabriel. Een reusachtig beeld van een vis wordt op een vlot de zee op gedreven en in brand gestoken. De feestelijkheden worden afgesloten met een groot vuurwerk.

Maart/april

Semana Santa

In de Goede Week zijn er vooral in Arrecife festiviteiten en prachtige optochten. Op Witte Donderdag en Goede Vrijdag wordt er feest gevierd.

Juni

Fiesta de Corpus Cristi

Op Sacramentsdag zijn de straten van de hoofdstad versierd met bloemen.
Voor de kerk San Ginés worden kleurrijke zouttapijten met allerlei taferelen aangelegd.

Día de San Juan

Sint-Jansfeest op 24 juni en tevens patroonsfeest in Haría.

Juli

Fiesta de San Marcial del Rubicón

In veel dorpen op Lanzarote wordt op 7 juli de patroonheilige van het eiland herdacht. Vooral de processie in Femés is bijzonder indrukwekkend.

Fiesta de Nuestra Señora del Carmen

De patroonheilige van vissers en zeelieden wordt op 16 juli in Arrecife, Playa Blanca, Puerto del Carmen, Teguise en Caleta del Sebo (La Graciosa) herdacht.
In de kustoorden wordt bij het geknal van voetzoekers een beeld van de heilige in een met vaandels versierde boot over zee gevaren.

Augustus

Fiesta de San Bartolomé

Patroonsfeest op 24 augustus in San Bartolomé.

Fiesta de San Ginés

Een week lang feestvieren in Arrecife ter ere van de patroonheilige, rond 25 augustus. Met onder andere sporthappenings, tentoonstellingen, concerten en kermis.

September
Fiesta de la Virgen de los Remedios
Een week lang feestvieren in Yaiza ter ere van de patroonheilige, rond 8 september. Dit keurige dorp wordt voor die gelegenheid nog eens extra opgeboend. Na de optocht van ezels en dromedarissen is het tijd voor zang en dans.

Fiesta de la Virgen de los Volcanes
Het grootste volksfeest vindt in **Mancha Blanca** plaats en wordt op 15 september ingeleid met een processie. De smartelijke madonna, die naar verluidt de plaats in 1730 gered heeft van de lavamassa, wordt dan door de straten gedragen.

December
Kerstmis
In San Ginés, de kerk van de hoofdstad, staat een prachtige kerststal. In Arrecife en in Teguise trekken muzikanten door de straten en ze spelen oude Canarische en Andalusische melodieën (**Rancho de Pascua**). Ook op 24 december wordt er vooral in Teguise gefeest. Na de middernachtmis is er een processie en daarna wordt er tot in de vroege uurtjes gedanst.

Vergankelijke kunst: naar aanleiding van het Fiesta de Corpus Cristi worden op de straten kunstwerken van gekleurd zout gemaakt.

Palmenoases en duinenlandschappen, bergterrassen en steile rotskusten: het gevarieerde landschap inspireerde César Manrique tot meesterwerken.

De noordoostelijke helft van Lanzarote is op een paar plaatsen verrassend groen. Alleen hier, waar de steile rotswand van de **Risco de Famara** 670 m hoog is, komen af en toe wolken aanwaaien, aangedreven door de noordoostpassaat. De palmenoase **Haría** en de terrassen van **Tabayesco** behoren tot de vruchtbaarste gebieden. Vanuit het uitzichtpunt van Mirador del Río kunt u genieten van een weids panorama over de noordpunt en de omliggende eilanden.

TOPTEN 5

In het noordoosten strekken de lavavelden zich uit tot aan de kust. Het indrukwekkendste is natuurlijk wat er onder de zwarte as verscholen ligt: een geheimzinnig lavalabyrint met ondergrondse meren en lagunes. U kunt een bezoek brengen aan de door Manrique ontworpen **Cueva de los Verdes** en de **Jameos del Agua,** die via Arrieta het makkelijkst bereikbaar zijn. Een andere door Manrique ontworpen bezienswaardigheid is de cactustuin van Guatiza in een uitgestrekt opuntialandschap. Op hun stekelige bladeren worden cochenilleluizen gekweekt, die de rode kleurstof produceren die erg geliefd is in de cosmetica-industrie.

TOPTEN 9

Op de terrasvormige velden van Tabayesco groeien vijgen, amandelen, aardappelen en paprika's.

Lawaaierig en druk, maar sympathiek: Arrecife is sinds 1852 de hoofdstad van het eiland. Wie hier logeert, zoekt het echte Canarische leven op, in plaats van de beschutte vakantiedorpen.

Arrecife

■ B5

60.000 inwoners
Stadsplattegrond: kaart achteraan

Arrecife is het centrum van handel en nijverheid. 's Ochtends is het op de strandboulevard al heel vroeg een drukte van jewelste. Hier bevinden zich de meeste bedrijven, makelaarskantoren, banken en advocatenpraktijken. Het kenmerk van de stad is het 17 verdiepingen hoge, glazen gebouw van het Gran Hotel. Dankzij het hotel werd de strandpromenade opgewaardeerd, die helemaal tot Puerto del Carmen gaat. Een brug erover leidt u naar een eiland: Islote de la Femina. Hier werd naar plannen van Manrique een ontspanningslandschap gecreëerd met een meer, wandelwegen en tuinen.

Stad aan de zee

De stad (**arrecife** = klippen) heeft haar naam te danken aan de verraderlijke rotsen, die als tentakels van een zeemonster naar het water grijpen. Hier ontstond in de 15de eeuw een haven, waar de goederen voor de toenmalige hoofdstad Teguise werden ingevoerd. Toen er in de 16de eeuw opnieuw piraten aanvielen, hield het provisorische houten fort niet stand. De beroemde Italiaanse vestingbouwer Leonardo Torriani kreeg de opdracht een stevige burcht te bouwen (1590). De brug, die de promenade met het **Castillo de San Gabriel** verbindt, is tot op heden bewaard gebleven. Burcht en brug vormen samen met de **Charco de San Ginés** het centrum van de stad. De Charco is een klein meer, omzoomd met vissershuisjes. Hier werd de kerk van San Ginés gebouwd.
Een tweede fort, het **Castillo de San José**, ontstond tussen 1774 en 1779, twee kilometer verder noordwaarts, aan de vissershaven. De bewoners noemden het 'hongerburcht', omdat het hun voor de duur van meerdere jaren arbeid en loon beloofde. Later leefden ze van de visvangst, die nu nog steeds de belangrijkste bron van inkomen is, ondanks alle crisissymptomen. De vloot in de vissershaven **Puerto de Naos** is de grootste van de Canarische archipel en concurreert met Japan en het Gemenebest om de overmacht in de visgronden voor de West-Afrikaanse kust. Dicht bij de pier zijn er bars en vistavernes, waar matrozen en arbeiders, maar zelden toeristen eten.

Zwemmen kunt u het beste aan **Playa del Reducto**, een lang wit zandstrand in het zuiden aan de rand van de stad. Dankzij de rotsen bent u hier beschermd tegen gevaarlijke stromingen.
Bij eb kan men hier in de winter zilverreigers observeren die in de poelen naar voedsel zoeken.

Licht en schaduw

In de hoofdstad, die zich met steeds nieuwe straten tot ver in het binnenland uitstrekt, woont ongeveer de helft van de eilandbevolking. De sfeer in het stadscentrum is 's avonds het mooiste. De files en uitlaatgassen zijn dan tot een minimum herleid en de cafés in de zijstraten zitten vol jonge mensen. Veel studenten komen van de technische universiteit, andere van de kunst- en zeevaartschool.
In de buurt van El Charco en in de afgelegen hoekjes van de stad wordt u met ellende geconfronteerd, want heel wat jongeren zijn werkloos. Velen van hen gebruiken dan ook hard- en softdrugs, die per boot worden binnengesmokkeld. Wat het smokkelen betreft, zijn huurauto's natuurlijk ook niet veilig.

Een bruisende hoofdstad met rustige hoekjes: de haven van Arrecife, El Charco, is voor romantische zielen.

Hotels en ander logies

Gran Hotel Arrecife H4
Nergens op het eiland slaapt u dichter bij de zee! Dit vijfsterrenhotel van 17 verdiepingen hoog staat op een vooruitspringende kaap, waardoor het lijkt alsof u op een cruiseschip zit. Minimalistische, chique inrichting. Spa center met sauna's, zwembaden binnen en buiten, watermassage...
Parque Islas Canarias s/n
160 kamers en suites
Luxeklasse

Cardona H3
Een groot pension in een zijstraat van de Mancomunidad. De kamers zijn een tweesterrenhotel waardig.
Calle Dieciocho Julio 11
61 kamers
Gemiddelde prijsklasse

Lancelot G3
Dit comfortabele hotel bevindt zich voor het witte zandstrand aan de promenade.
Lichte en elegant ingerichte kamers met satelliettelevisie, sommige met balkon met zeezicht.
Via een lange lobby bereikt u de ontbijtruimte met buffet, het restaurant en de pianobar. Op het dak bevindt zich een zwembad met zonneterras.
Av. Mancomunidad 9
110 kamers
Hoge prijsklasse

Miramar J3
Driesterrenhotel aan de strandpromenade met heerlijk zicht op de vesting San Gabriel, die 's nachts prachtig verlicht is.
De kamers zijn verzorgd, hebben satelliettelevisie en bijna allemaal een balkon met zeezicht.
Het ontbijtbuffet wordt op de zesde verdieping in de daktuin geserveerd.
Av. Coll 2
85 kamers
Hoge prijsklasse

Wandeling

We vertrekken aan de **Playa del Reducto**, het witte stadsstrand in het zuiden. Het Gran Hotel met zijn 17 verdiepingen, het enige flatgebouw op het eiland, springt in het oog. Nadat het in 1994 in vlammen opging, is het gerestaureerd in 2004 en heropend als luxehotel. Achter het hotel begint het stadspark (**Parque Islas Canarias**).
Achter het park maakt de straat een buiging en wordt vanaf hier 'Av. de la Marina' genoemd. Links liggen het postkantoor en het cultureel centrum (**Casa de la Cultura**), rechts de tuinen van het Parque José Ramírez Cerdá met toeristische dienst. Via de door Torriani gebouwde 'kogelbrug' bereikt u het **Castillo de San Gabriel**, een vesting met archeologisch en etnografisch museum. Vanaf het dak hebt u een mooi uitzicht over Arrecife. Terug op de strandboulevard gaat u naar rechts. Vlak achter hotel Miramar is het **Casa de los Arroyo** een bezoek waard. Voor het stadhuis (Ayuntamiento) volgt u links de Calle Liebre. 's Ochtends kunt u in de vishal koopjes doen.
Van de **Iglesia de San Ginés** is het nog maar een kattensprong naar de **Charco de San Ginés**, een met de zee verbonden lagune. Bij vloed vult deze lagune zich met helderblauw water, bij eb liggen de vissersboten op het droge. Nergens in Arrecife vindt u een rustigere plek voor een adempauze. Rond El Charco loopt een brede, met blauw-witte huizen omzoomde promenade, met een paar tavernes.
Aan de noordwestkant werd een bioscoop met galerie geopend. Ze

behoren tot het **Centro Comercial Atlántida**, een groot winkelcentrum met voordelige supermarkt. De hoofdingang bevindt zich aan de autovrije Calle León y Castillo, die op een aantal kaarten ook als Calle Real (Koningsstraat) vermeld staat. Via deze straat wandelt u terug naar de promenade – langs boetieks en parfumerieën, souvenirwinkels en boekhandels.
Dan maakt u via de Calle Quiroga nog een laatste uitstapje naar het **Plaza de la Constitución** met zijn winkels en cafés. Via de smalle steeg Artillería L. Tresguerra bereikt u opnieuw de kustlaan. Aan de overkant van de straat ligt het paviljoen van de **toeristische dienst**.

Bezienswaardigheden

Casa de los Arroyo ■ J3
Herenhuis (1739) dicht bij de kogelbrug met mooie binnenplaats en veel houtsnijwerk. Op de begane grond wordt de werking van magnetisme geïllustreerd die de in Arrecife geboren natuurkundige Blas Cabrera (1878-1945) bestudeerde. Op de bovenverdieping vindt u sculpturen van de Lanzarote-kunstenaar Lasso Morales (1904-1973), evenals archeologische vondsten uit de oud-Canarische nederzetting Zonzamas.
Av. Coll 3
Za-zo gesloten

Castillo de San Gabriel ■ J4/J5
Imposante eilandvesting, die door twee dammen met de zeepromenade is verbonden: de **Puente de las Bolas** (kogelbrug) is voorbehouden aan voetgangers; automobilisten gebruiken de parallelweg. De burcht werd in 1574 in opdracht van koning Felipe II gebouwd en al kort daarna door de piraat Arráez verwoest, en vervolgens door de Italiaanse bouwmeester Torriani herbouwd. Nu herbergt de vesting een **archeologisch museum** met amforen, oud-Canarische voorwerpen en recentere kleifiguren. In het **observatorium** kunt u overdag kijken naar de zon (gesloten op dinsdag) en 's nachts naar de maan (vrijdag 's avonds).
Museo Arqueológico y Etnográfico
Dagelijks open

Castillo de San José
noordoosten ■ L1
Deze burcht boven de haven van Arrecife dateert uit de heerschappij van koning Carlos III, van 1776 tot 1779. Deze halve cirkelvormige bouw diende ooit als bescherming tegen piraten. Er werden troepen gestationeerd en buskruit en levensmiddelen opgeslagen. Na zijn renovatie werd het Castillo in 1976 door César Manrique in een **museum voor hedendaagse kunst** omgetoverd. U kunt er vooral kunst van na 1950 bewonderen, onder andere vrolijke schilderijen van Miró en Tápies, surrealistische scènes van Oscar Domínguez en abstracte schilderijen van Millares.
De burcht werd uitgebreid met een restaurant.
Museo Internacional de Arte Contemporáneo
Dagelijks open

Iglesia de San Ginés ■ J3
Eenvoudige kerk met vierkante toren aan het schaduwrijke Plaza de las Palmas (1798). De binnenruimte bestaat uit drie kerkschepen, met een plafond van houtsnijwerk, en zuilen en vloeren uit lavasteen.

Galerie

Casa de la Cultura ■ I3/I4
Wisselende tentoonstellingen van foto's en schilderijen in een paleis uit de jaren twintig.
Boven de mooie houten trappen pronkt het stadswapen.
Av. de la Marina 7
Ma-vr open

Eten en drinken

Café La Plazuela ■ I3
Altijd drukbezocht café aan het 'plein van de grondwet'. Uitermate lekker zijn de versgeperste sapjes van sinaasappel en mango, of ook die met paddenstoelen. Er zijn ook 'montaditos', kleine broodjes met zalm of kaas, verkrijgbaar.
Plaza de la Constitucíon 14
Zondag gesloten
Lage prijsklasse

Een voormalige burcht doet dienst als museum voor hedendaagse kunst. De stijlvolle renovatie van het Castillo de San José is eveneens het werk van César Manrique.

Castillo de San José
noordoosten ■ L1
Door César Manrique ontworpen restaurant in de burcht San José, bereikbaar via een draaitrap.
Links hebt u een prachtig uitzicht op de handelshaven en rechts op de vissershaven.
Donker, elegant interieur. Moderne keuken, die helaas niet kan concurreren met de inrichting. Men serveert internationale gerechten.
Castillo de San José
Dagelijks open
Hoge prijsklasse

Chef Nizar ■ I4
In een straat die parallel loopt met de Avenida de la Marina kunt u dit mediterraan-oriëntaals restaurant ontdekken. Het behoort tot de beste van het eiland. Er zijn heerlijke voorgerechten, zoals taboulé-salade met paprika, zoete Fuerteventura-tomaten en verse kruiden. Lekker smaken ook de knapperige deegtasjes met spinazie (fatira) of de vleeskroketten met pijnboompitten (kebbe) en natuurlijk de Arabische zoetigheden van bladerdeeg. Drink hier beslist een muntthee die geserveerd

wordt in een zilveren theepot.
Luis Morote 19
Zo gesloten
Hoge prijsklasse

Bodegón Los Conejeros ■ H4
Een uitstekend adresje aan de strandpromenade, op maar 100 meter van het Gran Hotel. Men serveert hier heerlijke en fantasierijk geïnspireerde Canarische keuken in een rustieke sfeer. Grote keuze aan wijnen. De sfeer is op z'n best tijdens het Spaanse etenstijd vanaf 21 uur.
Av. Dr. Rafael González Negrín 9
Zo gesloten
Gemiddelde prijsklasse

Winkelen

Museu del Vino ■ J3
Een grote wijnwinkel in een parallelstraat van de Calle León y Castillo (ook Calle Real). Wie zin heeft, kan hier ook terecht om heerlijke tapas te proeven.
Calle García de Hita 8

Mercadillo ■ J/K2
Een kitsch- en kledingmarkt vindt vooralsnog elke woensdag plaats bij de oude vissershaven.
Charco de San Ginés
Woensdag

Patisserie Lamontagne ■ H3
In Frankrijk is Ludovic Lamontagne al lang geen onbekende meer. Hij biedt nu ook op Lanzarote zijn huisgemaakte chocolade en pralines aan. U kunt alles proeven in de naastgelegen tearoom met een kopje koffie of thee.
José Antonio 80
Zo gesloten

's Avonds

Vrijdag en zaterdag zijn de beste dagen om het Canarische nachtleven in te duiken.
Na een bioscoopbezoek zakt iedereen af naar de bars en cafés rond El Charco. Later op de avond trekt iedereen weer verder naar de disco's langs de Calle José Antonio Primo de Rivera.

Bar Picasso ■ I3
Geliefde ontmoetingsplaats van kunstenaars en intellectuelen in **Almacén**, het door Manrique ontworpen cultureel centrum. Tapas en cocktails, tijdens het weekend vaak livemuziek.
Calle José Betancort 33

Nuttige informatie

Inlichtingen
Oficina de Información Turística ■ I4
De toeristische dienst bevindt zich in een kiosk tegenover het postkantoor.
Parque José Ramírez Cerdá/Av. de la Marina s/n
Tel. 9 28 81 31 74
Za en zo gesloten

Huurauto's
Cabrera Medina ■ I4
Calle Dr. Ruperto González Negrín 8
Tel. 9 28 81 09 49

Bussen
westen ■ G3 en noorden ■ H1
Als u naar de luchthaven of naar Puerto del Carmen, Playa Blanca of Costa Teguise wilt rijden, gaat u het beste naar de westelijke rand van de stad (Parque Temático).
Vanaf hier vertrekken om het uur bussen naar de luchthaven, om de 20 minuten naar Puerto del Carmen en Costa Teguise, minder regelma-

tig naar Playa Blanca.
Voor alle andere bestemmingen (bijvoorbeeld Teguise, La Santa, La Caleta de Famara, Haría en Órzola) moet u helemaal naar **Estación de Guaguas**, het busstation, langs een lastige weg zo'n 2 km ten noorden van het stadscentrum.
Calle Vía Medular s/n

Medische hulp noordwesten ■ G1
Het ziekenhuis (**hospital**) ligt aan de weg naar Tinajo.
Carretera Arrecife-Tinajo km 1,3
Tel. 9 28 81 23 50

Politie ■ J3
Policía Nacional
Av. Coll 5
Tel. (+34) 9 28 80 32 99

Postkantoor ■ I4
Hoofdpostkantoor (**correos**) tegenover de toeristische dienst.
Av. de la Marina 8
Zo gesloten

Boottochten noordoosten ■ L1
In de haven Muelle de los Mármoles (1 km ten noorden van Castillo de San José) vertrekken veerboten en jetfoils naar de buureilanden.

Taxi ■ J3 en G3/G4
Taxistandplaatsen bevinden zich in de buurt van de kogelbrug, voor Hotel Miramar en aan de Av. Mancomunidad, vlak bij Hotel Lancelot.
Arrecife Radio Taxi
Tel. 9 28 80 31 04

Kleine flatgebouwen her en der, opzichtige reclames worden geweerd: een verzorgd en keurig aangelegd toeristenoord, met strandpromenade en kleine baaien.

Costa Teguise ■ E5

Stadsplattegrond: blz. 45

Costa Teguise ligt zo'n tien kilometer ten noorden van Arrecife en strekt zich uit over kleine, rotsige baaien met zandstranden, die vlak in zee aflopen. Niet alleen badgasten voelen zich hier thuis, maar ook sportvissers, windsurfers en duikers. Het belangrijkste strand is **Playa de las Cucharas** met aangelegde pier, die de branding tegenhoudt. Hier kunt u ligstoelen en parasols huren. Surfers hebben het vooral naar hun zin in het westelijke deel, maar ook aan de Playa de los Charcos. Aan de weg naar Tahiche zijn een waterpark en een 18-holes golfbaan gelegen voor liefhebbers.

Vakantiearchitectuur met vijf sterren

Toen in 1977, met de bouw van het vijfsterrenhotel **Meliá Salinas,** de fundamenten werden gelegd voor een toeristisch vakantieproject, was de sterarchitect César Manrique ook van de partij. Dit hotel, dat lavavelden overwonnen had, moest als maatstaf dienen

Kamers met uitzicht: het viersterrenhotel Teguise Playa ligt boven de goed beschermde baai Playa del Jablillo.

voor alle andere complexen hier. De weelderige beplanting staat lijnrecht tegenover het schrale vulkaanlandschap: een tropische droom met rubberbomen en palmen, roze geraniums en rode hibiscus.

Nadien is het Melía Salinas door andere hotels gekopieerd en overtroffen. Nu is het dus ook niet meer zo uitzonderlijk, al is het nog steeds een goed gebouwd en comfortabel hotel.

Manrique heeft ook geholpen met de aanleg van **Pueblo Marinero**, een 'vissersdorp' met een groot plaza en witte bungalows als winkels en tavernes. Minaretachtige schoorstenen en met tin versterkte muurtjes, groen geverfde ramen en houten balkons: er ontbreekt geen enkel element van de traditionele architectuur, om de perfecte illusie van een Canarisch dorp te scheppen.

Het Pueblo Marinero kan een echt stadscentrum echter niet vervangen, omdat het te zeer omgeven is door bungalowcomplexen, die architectonisch niet zijn aangepast aan de omgeving. Want als er ergens snel geld verdiend kan worden en de stedenbouwkundige willekeur hoeft zich aan geen enkele regel te houden, ontstaan er gedrochten van gebouwen.

Weinig aantrekkelijk zijn de stereotiepe winkel- en ontspanningscentra en een hele reeks monotone appartementsgebouwen die steeds meer door lowbudget toeristen ingepalmd worden.

Bij een verfrissende cocktail of een koele 'cerveza' in een van de bars van Teguise loopt de dag gezellig ten einde. Hier zult u geen druk nachtleven vinden.

Brede autowegen verbinden Costa Teguise met de rest van het eiland. Manrique ontwierp de met een kruis versierde poort naar de uitvalsweg naar het noorden. Via deze weg kunt u gemakkelijk Mala en **Jameos del Agua** bereiken. In westelijke richting loopt een weg langs de golfbaan naar Tahiche en in zuidelijke richting via Arrecife naar Puerto del Carmen.

TOPTEN 9

Hotels en ander logies

Barceló Lanzarote zuidwesten ■ a3
Dit groot, okerkleurig hotel met drie verdiepingen, aan de rand van de stad, ligt op slechts 500 m van het strand. Elegant en ruim. Talrijke wooneenheden hebben een eigen salon. Twee tennisbanen, sauna en fitnessruimte.
Av. del Mar s/n
442 kamers
Gemiddelde prijsklasse

Barceló La Galea ■ b2
Appartementencomplex van twee verdiepingen boven de pier. Via de voetgangerspromenade is het strand gemakkelijk bereikbaar. Aantrekkelijke appartementen, met typisch Canarische balkons van hout, omzomen het boogvormige zwembad. Dit smaakvolle complex heeft een goede ligging en zet de puntjes op de i met zijn uitgebreide animatieprogramma voor kinderen: zwembad, miniclub en minidisco.
Calle Falúa/Punta Jablillo
256 appartementen
www.barcelo.com
Gemiddelde prijsklasse

Lanzarote Gardens ■ b1
Verzorgd appartementencomplex, op 150 m van Playa de las Cucharas. Zwembaden en tropische tuin met waterval. Een goed adres voor gezinnen met kinderen. Gymnastiek, boccia, biljart en twee tennisbanen.
Av. de las Islas Canarias/hoek Calle de las Acacias
242 appartementen
www.h10hotels.com
Hoge prijsklasse

Gran Meliá Salinas & Garden Villas ■ c1
Dit ideale vakantieverblijf is door César Manrique ontworpen: een echt luxehotel met 'paradijselijke tuin'. De kamers liggen om de ovale binnenplaatsen heen, waar palmen, slingerplanten en reuzenvarens groeien. Ook de kamers, allemaal met terras en zeezicht, zijn in het groen gehuld. Bij het hotel hoort een grote tuin met fantasievol aangelegd waterlandschap. Als alternatief kunt u via het mooie zandstrand onmiddellijk in de zee duiken. Er is een ruim sportaanbod met sauna, massagestudio en jacuzzi, drie tennisbanen, volleybal en trainingsparcours voor golf. Uitstekend ontbijtbuffet in de tuin. Elke avond animatie en folklore.
Av. de las Islas Canarias s/n
284 kamers en 26 suites
www.solmelia.com
Luxeklasse

Occidental Oasis zuidwesten ■ a3
Het in oriëntaalse stijl gebouwde luxehotel met veel marmer en glas ligt in het hartje van een subtropisch zwemparadijs aan de rand van de stad, boven de baai Playa del Ancla. Met drie tennisbanen, twee squashbanen, een fitnesscentrum en oefenparcours voor golfers.
Av. del Mar s/n
372 kamers
www.hoteloasisdelanzarote.com
Luxeklasse

Occidental Grand Teguise Playa ■ b2
Dit postmoderne, comfortabele hotel met veel beton en glas telt zes verdiepingen en ligt boven de kleine baai Playa del Jablillo. Moderne ontvangsthal, lichte binnenplaats en weelderige beplanting. Verder nog een grote tuin met zwembad. De kamers zijn elegant, hebben allemaal airco en de meeste zeezicht. Twee tennisbanen, een squashbaan, sauna en massagestudio. De hotelbus pendelt op aanvraag naar de golfbaan, 4 km verder.

Av. del Jablillo s/n
314 kamers
www.hotelgrandteguiseplaya.com
Luxeklasse

Los Zocos ■ c1
Dit vriendelijke appartementencomplex is toegespitst op bijzonder actieve families. De kinderen kunnen er van 's morgens tot in de late namiddag knutselen en spelen, 's avond is er een minidisco. Voor volwassenen is er natuurlijk ook een rijk sport- en amusementsprogramma.
Dit complex is groots aangelegd met vier zwembaden. 's Ochtends en 's avonds is er een buffet. Vier tennisbanen, minigolf en mountainbikes.
Av. de las Islas Canarias 15
244 appartementen
www.loszocos.com
Gemiddelde prijsklasse

Wandeling

Een echt stadscentrum is er niet, daarom loopt de mooiste wandelweg langs de strandboulevard. Deze begint aan Playa de los Charcos en loopt via vier baaien verder in zuidwestelijke richting. Als u in de late namiddag vertrekt, kunt u genieten van een romantische zonsondergang.
Op het aangrenzende strand, **Playa de las Cucharas**, wappert de blauwe vlag: dit teken is toegekend door onderzoekers van de EU en geldt als bewijs van zuiverheid van deze kuststrook. Naast de stilgelegde

zoutmijnen werd het hotel **Gran Meliá Salinas** gebouwd: het eerste luxueuze hotel aan de Costa Teguise.
Aan de noordkant van de baai ziet u veel windsurfers; de pier markeert de grens met de toekomstige jachthaven. Aan de kaap Punta de Tope volgen de beschermde Playa del Jablillo en Playa Bastián. De Paseo leidt nu bijna tot aan het **Palacio Real**, de residentie van de Spaanse koning. Maar op de terugweg kunt u wel genieten van een heerlijk uitzicht op de kust.
Neem gezellig plaats op het terras van een café en laat u verleiden tot een drankje, of misschien wel een pizza!
Daarna volgt u de Avenida del Jablillo in noordelijke richting en komt u voorbij ontelbare winkels waar u wat aan shopping kunt doen. Volg nu de Avenida de las Islas Canarias. Rechts ziet u Manriques schepping **Pueblo Marinero** – een mooi voorbeeld van traditionele architectuur. Hier kunt u uw wandeling rustig afronden.

Bezienswaardigheden

Palacio Real La Mareta ■ a3
'Koninklijke residentie' te midden van tropische tuinen, tussen Playa del Ancla en Playa Bastián. Koning Hussein van Jordanië liet dit paleis bouwen en bracht hier zijn vakantie door in het begin van het eilandtoerisme. Toen het te druk voor hem werd, gaf hij het huis cadeau aan de Spaanse koning Juan Carlos. Deze logeerde hier graag met buitenlandse gasten.

Plaza Pueblo Marinero ■ b2
Mooi aangelegd 'dorpsplein' met bars en cafés. Op vrijdagavond vindt hier een ambachtelijke markt plaats.

Eten en drinken

Kerman ■ b2
De lekkerste tapas ('montaditos') van de streek, voor een betrekkelijk laag bedrag. Ook een aanbod dagschotels die in de vitrine uitgestald staan. Deze kan men als 'tapa' (kleine portie), 'media ración' (halve portie) of 'ración' (grote portie) bestellen. Het schaduwrijke terras zit meestal goed vol – ook de plaatselijke bevolking komt hier graag over de vloer.
Av. de las Islas Canarias 28
Dagelijks open

Chu-Lin ■ b2
Stijlvol Aziatisch restaurant aan de Avenida del Jablillo. Van vloer tot plafond karmijnrood geschilderd, met als contrast de zwarte meubels en tekeningen. U kunt ook op het terras eten. Het restaurant wordt uitgebaat door Manuel Bueno uit Manila. In 1978 kwam hij naar Las Palmas en bracht met het restaurant Ming de Chinese keuken naar de Canarische Eilanden. Bijzonder lekker zijn de gebakken garnalen in deegjasje, het zachte eendenvlees in sinaasappelsaus en het kalfsvlees à la Zizlung: geserveerd in een zoetzure uiensaus en voor de ogen van de gasten gaar gestoomd.
C.C. Tandarena Local 8
Gemiddelde prijsklasse

Isla Bonita ■ a/b2
Een culinaire oase langs de restaurantpromenade van Costa Teguise. Bij señor Pepe worden er grote porties geserveerd en alles is kraakvers. De gerechten worden bereid op klassieke Canarische wijze. Grote keuze wijnen uit Lanzarote. De sfeer is het best wanneer de lokale bevolking komt eten, dus 's middags na 14 uur en 's avonds na 21 uur.
Av. del Mar s/n

Zo gesloten
Gemiddelde prijsklasse

Villa Toledo ■ b2
Dit restaurant met terras dat gelegen is aan de Playa Bastián biedt vlees en vis van de grill. Het mooist is het hier bij zonsondergang.
Los Cocederos s/n
Dagelijks open
Gemiddelde prijsklasse

Vesubio ■ b2
Beste adres in Costa Teguise voor pizza, pasta en tortilla. Alleen de gelegenheid ernaast kan met Vesubio concurreren. Vlak tegenover Playa del Jablillo. Zalig sfeertje.
Av. del Jablillo s/n
Dagelijks open
Lage prijsklasse

Winkelen

Het beste en meest uitgebreide aanbod vindt u in het Centro Comercial Las Cucharas en in de Avenida del Jablillo.

Mercadillo de Artesanía ■ b2
Een keer per week is er een ambachtelijke markt. Er worden dan schilderijen, juwelen en lederwaren verkocht.
Plaza Pueblo Marinero
Vr avond

's Avonds

Cocktail-Bar Hook ■ b2
Na het avondeten kunt u bij zeerover Hook nog van een cocktail op het terras genieten.
Plaza Pueblo Marinero 10
Dagelijks open vanaf 's avonds

Jazz Mi Madre ■ b2
Tussen de foto's van bekende sterren komen de jazzliefhebbers samen in deze kleine bar, tegenover de Pueblo Canario. Liveconcerten beginnen meestal pas om middernacht.
Calipso Centre, Av. Islas Canarias s/n
Zo, ma, di gesloten

Nuttige informatie

Autoverhuur
Cabrera Medina ■ b1/c1
C.C. Las Cucharas
Tel. 9 28 59 05 73
www.cabreramedina.com

Bussen
Er zijn bushaltes aan de Av. de las Islas Canarias, de Av. del Mar en de Av. de las Palmeras.
De bussen rijden elke zondagochtend naar de markt in Teguise. Verder zijn er alleen rechtstreekse verbindingen met Arrecife, van maandag tot zaterdag om de 20 minuten, zondag om het halfuur.

Golf westen ■ a2
18-holes golfbaan met palmbomen en veel groen aan de straat naar Tahiche.
Club de Golf
www.lanzarote-golf.com

Medische hulp

Apotheek ■ b2
Av. de las Islas Canarias 13
Tel. 9 28 82 61 30

Clínica Lanzarote ■ b1
Een van de drie ziekenhuizen in de vakantiestad.
Av. de las Islas Canarias 5
C.C. Tandarena 24
Tel. 9 28 82 60 72
www.docholiday.net

Politie zuidwesten ■ a2
Guardia Civil
Tel. 9 28 59 21 00

Post ■ b1
Klein postkantoor in het Centro Comercial Maretas.
Av. de las Islas Canarias s/n
Zo gesloten

Fietsen
Bike Station ■ c2
Verhuur en reparatie van fietsen. Er worden meermalen per week dagtochten georganiseerd.
www.mylanzarote.com
Zo gesloten

Sportcentrum Toca ■ b2
Met tennisbanen en squashbanen, volleybal en fitnessruimte.
Av. del Jablillo s/n
Tel. 9 28 59 02 30

Windsurfen ■ b2
Winkels en verhuurfirma's aan de Playa de las Cucharas. Surfplanken huurt u het voordeligste bij:

Windsurfing Club Las Cucharas
CC las Maretas nº2
Calle Marajo
www.lanzarotewindsurf.com

Duiken
Aquatis Divingcenter ■ c1
Duikcentrum aan het hoofdstrand.
Urb. Lanzatierra 2
Playa de las Cucharas
Tel. 9 28 59 04 07
www.aquatis-lanzarote.eu

Taxi
Tel. 92 85 24 22 3
(Radio Taxi)

Waterpark Aqua Park westen ■ a2
Glijbanen, watervallen en zwembaden, links van de straat naar Tahiche.
Av. del Golf 315
Tel. 9 28 59 21 28
Dagelijks open (alleen tijdens zomermaanden)

Deze koloniale Spaanse stad heeft tot op heden haar historische uitstraling bewaard. Nergens anders op Lanzarote zijn er zoveel kerken, kloosters en paleizen.

Teguise

■ D4

1700 inwoners
Stadsplattegrond: blz. 51

Als u de auto's en verkeersborden wegdenkt, waant u zich in lang vervlogen tijden. Witgekalkte huizen, die bijna allemaal uit de 16de en 17de eeuw stammen en uitstekend bewaard zijn gebleven, omzomen de straten, die gedeeltelijk nog met kinderhoofdjes zijn geplaveid. De houten deuren en balkons zijn versierd met prachtig houtsnijwerk. Door het geopende portaal ziet u de binnenplaats met palmen en klaterend fonteinwater. Smalle stegen worden weelderig aangelegde pleinen. Hier en daar ziet u een met basalt bezette kapel of adellijke residentie. Als u geïnteresseerd bent in architectuur en wilt proeven van die goede oude sfeer, komt u het best op een werkdag hiernaartoe, want op zondag, tijdens de markt, heerst er in de straten een drukte van jewelste.

Een licht godshuis met ongewoon gewelf is de voormalige bisschoppelijke kerk van Teguise, Nuestra Señora de Guadalupe, die ook bekendstaat als San Miguel. Let binnen op de levensgrote heiligenbeelden, die er droevig uitzien.

Bloedig verleden

De oorsprong van de stad reikt terug tot ver voor de verovering. In de schaduw van de 452 meter hoge Guanapay stichtten de Oud-Canariërs de nederzetting Acatife. Vanaf de top van de berg konden ze kijken over het oosten en het zuiden. Vanuit de steile noordkust dreigde geen gevaar. In 1402 bezette Jean de Béthencourt de stad voor de Castiliaanse kroon. Als **Real Villa** (koninklijke stad) werd ze de bisschoppelijke zetel en hoofdstad van het eiland.
Beschermd door de vesting Santa Bárbara, werd de ontwikkeling van de stad gedomineerd door almachtige en strenge conquistadores en clerici. Mede door de fanatieke slavenhandel nam de rijkdom toe. Door Berberse tegenaanvallen werd de stad ook vaak beschadigd. Leenmannen van de Berber Arráez brandden in 1586 delen van de stad plat en veroorzaakten een heus bloedbad in de **Callejón de la Sangre** (bloedsteeg).
Toen de Spaanse koning Arrecife in 1852 tot vrijhaven verklaarde, verloor Teguise haar rol als hoofdstad. Pas met de opkomst van het toerisme werden vervallen huizen weer opgeknapt en historische gebouwen gerestaureerd. De huizen en houten deuren worden regelmatig geschilderd en de Andalusische stijlelementen in de stadsstructuur worden gekoesterd en verzorgd. De hoofdkleuren zijn groen en wit. Het hele centrum staat tegenwoordig onder monumentenzorg. Heel wat mooie boerderijen zijn in het bezit van buitenlanders.

Hoge, bijna 'rammelende' tonen zijn typisch voor de timple, het belangrijkste instrument op het eiland, dat u 's avonds in sommige bodega's kunt beluisteren.

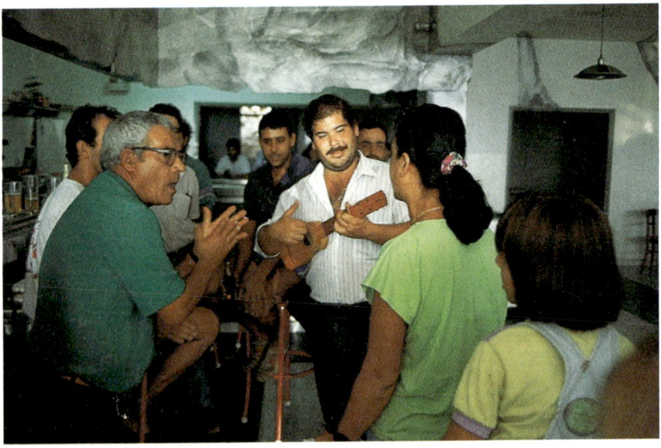

Hotels en ander logies

In de voormalige hoofdstad zijn er geen hotels en appartementen. U kunt echter wel logeren in een vakantiewoning of in een landhuis in een van de omliggende dorpen.

IslaViva b2
Voor boekingen richt u zich het beste tot de reserveringscentrale IslaViva, een bemiddelingsagentschap voor appartementen, vakantiehuizen en finca's in en rondom Teguise.

Slechts vijf minuten wandelen van het centrum: **Studio Chimida** is een ruime studio (60 m^2) met antiek meubilair en terras, een ideale verblijfplaats voor twee personen. U dient de studio echter wel voor minimum een periode van 1 week te huren. Eveneens aan de stadsrand, maar nogal duur: **Casa Banana**.

Ander logies vindt u in Teseguite en Los Valles, La Vegueta, Tinajo, Tao en Masdache.
Plaza Clavijo y Fajardo 4
Ma en za gesloten

Wandeling

Het vertrekpunt is de kloosterkerk **Convento de San Francisco** aan het gelijknamige plein. Via de Calle La Sangre en de Calle San Miguel bereikt u het marktplein Plaza de la Constitución. Hier staan een paar van de mooiste gebouwen van de stad. Aan de oostkant ziet u de **Iglesia de Nuestra Señora de Guadalupe**, een kerk met een grote klokkentoren. In de huizen ernaast vindt u de intercommunale universiteit en het Casa de la Palmera, waar u mooie souvenirs kunt kopen.
De twee leeuwenbeelden schuin ertegenover waken over de ingang van het Casa Museo Palacio Spínola, het voormalige centrum van wereldlijke macht. In het Casa La Cilla, het voormalige 'tiendenhuis' aan de zuidkant van het plein, had de graaf zijn belastingsinner gestationeerd. Hier moesten de boeren tol betalen en een deel van hun oogst afstaan.
Aan de noordkant loopt het marktplein trechtervormig uit op het Plaza Clavijo y Fajardo. Het is genoemd naar een geleerde, gehuld in een schandaleus waas, die hier geboren is en voor wie Goethe in zijn treurspel 'Clavigo' (1774) een literair monument oprichtte.
Na een korte versnapering in één van de cafés gaat u via de Calle 18 de Julio naar het Plaza Maciot de Béthencourt.
Via de Calle Santo Domingo bereikt u het lange Francoplein met het **Convento de Santo Domingo** (een dominicanenklooster dat nu dienstdoet als stadhuis) en een uitstekend restaurant.
In de Calle José Betancort is het Palacio Herrera, een gerestaureerd paleis uit de 15de eeuw, nog een bezoekje waard, voordat u naar het vertrekpunt terugkeert.

Bezienswaardigheden

Archivo Histórico ■ a1/a2
Het stadsarchief is 's morgens geopend voor wetenschappelijke studies. Gelieve daarom geen foto's te maken, hoe mooi de zoldering er ook uitziet.
Calle Carniceria

Castillo Santa Bárbara
noordoosten ■ c3
De oudste vesting van de archipel, bereikbaar via de weg naar Haría, troont op de roodachtig glanzende berg Guanapay (452 m). Hier hebt u een mooi panorama over de kust tot Fuerteventura. De burcht werd in 1339 gebouwd en werd in de 16de eeuw uitgebouwd tot een verdedigingscomplex. Bij piratenaanvallen verschansten zich hier gewapende mannen, die de indringers in bedwang moesten houden. Tegenwoordig is het **Museo del Emigrante** in de burcht ondergebracht. In vijf zalen wordt de Amerikaanse droom weergegeven: van reiskoffers via de overtocht naar Venezuela tot brieven en originele kaarten, foto's en gravures.
Ctra. Teguise-Haría s/n
Dagelijks open

Convento de San Francisco ■ c3
Kloosterkerk aan het gelijknamige plein. In 1588 liet de graaf van Lanzarote haar bouwen voor de franciscanen, uit dank voor hun hulp bij de missionering van de heidenen. De kerk maakt vooral indruk door het mooie houten gewelf in mudejarstijl en het barokke hoofdaltaar uit de 17de eeuw.
Plaza San Francisco s/n
Onregelmatig geopend

Convento de Santo Domingo ■ a4
Dominicanenklooster uit 1726.
Tijdens renovatiewerkzaamheden in

de jaren ’70 ontdekte men de skeletten van zo’n 100 oorspronkelijke inwoners van Lanzarote. Nu zetelt de stadsraad in dit klooster en in de hal worden tentoonstellingen georganiseerd.
Plaza General Franco s/n
Alleen open tijdens tentoonstellingen

Ermita de la Vera Cruz ■ b1
Eenvoudige kerk uit het midden van de 18de eeuw, ten noorden van het stadscentrum. De Canarische kunstenaar Lujan Pérez maakte boven het altaar een Christusbeeld met echt mensenhaar.
Plaza de la Veracruz s/n

Iglesia de Nuestra Señora de Guadalupe ■ b2/b3
Een van de oudste kerken van de Canarische archipel (1418); met haar enorme toren domineert ze het stadsbeeld. Ze werd vaak verwoest door piraten en in 1680 volledig vernieuwd. Na een brand in 1909 bleef er bijna niets over van het originele bouwwerk. De altaren zijn de pronkstukken van deze kerk met twee zijschepen.
Plaza de la Constitución

Palacio Herrera ■ b3
Gerestaureerd paleis uit de 15de eeuw, aan de weg naar Yaiza. Tegenwoordig is er een atelier voor traditionele kunstnijverheid ondergebracht, waar onder andere borduurwerkjes worden gemaakt.
Calle José Betancort s/n

Museum

Casa Museo Palacio Spínola ■ b2/b3
Herenhuis (17de eeuw) aan het Plaza de la Constitución, waarin vroeger de gouverneur van het eiland resideerde. Nu is het in handen van de stad en kan het bezocht worden. De prachtige vertrekken illustreren de levensstijl van de Canarische adel.
Plaza de la Constitución
Za gesloten

Grandioze uitzichten en interessante inzichten: in het hoog boven Teguise gelegen Castillo Santa Bárbara werd een Emigrantenmuseum geopend.

Eten en drinken

Hespérides ■ b3
Het eerste bio-restaurant van Lanzarote. Vlees van dieren die op de wei grazen, fruit en groente uit biologische teelt, wilde rijst en volkorenpasta. Ook veganistische en glutenvrije gerechten. De wijnen komen van ecologische wijnboeren, er is ook biologisch bier.
Calle Léon y Castillo 3
Zondag gesloten
Gemiddelde prijsklasse

JaLEO ■ b3
Behalve ontbijt kunt u in dit bistrocafé ook lekkere tapas eten. Elke donderdag staat er een exotisch daggerecht op het menu, ook voor vegetariërs. Ernaast ligt een kleine boekhandel, waar lezingen en tentoonstellingen plaatsvinden.
Casa Santiago, Flores 1
Za gesloten
Lage prijsklasse

Bodega Santa Bárbara ■ b2
Aangenaam café in een wat verborgen gelegen straatje. Geliefd adresje van tapas- en wijnliefhebbers.
Casa Atrium, La Cruz 5
Zaterdag gesloten
Lage prijsklasse

Bodeguita del Medio ■ b2
Meer dan zomaar een wijnbar. Ook de kleine honger kan hier prima gestild worden met de lekkere hapjes en kazen. U kunt ook buiten zitten. Verkoop van 'gofio' en andere Canarische specialiteiten.
Plaza Clavijo y Fajardo 5
Dagelijks open
Lage prijsklasse

Ikarus ■ b2
Op de kaart prijken niet langer ongewone gerechten zoals dat vroeger het geval was, maar sinds de laatste eigenaarswissel kunt u hier wel genieten van lekkere kalfslever of een heerlijke met verse kruiden gepaneerde lamsfilet.
Plaza Clavijo y Fajardo 6
Zo avond en ma gesloten
Hoge prijsklasse

Patio de Vino ■ c3
In de binnenplaats van het Palacio del Marqués worden lekkere hapjes en edele wijn geserveerd.

TIP

Droom uit duizend-en-een-nacht In het vulkaangesteente gekerfd, steekt deze witte vesting **LagOmar**, met Arabisch aandoende torens, koepels en ronde muren, uit boven Teguise. Rondom een vijver gapen kraters en spleten, die door labyrintische gangen met elkaar verbonden zijn. In de vesting is ook een klein café-restaurant ondergebracht. Twee in de rotsen geslagen huisjes kunnen gehuurd worden (gemiddelde prijsklasse). Routebeschrijving: 1,2 km ten zuiden van Teguise links afslaan naar Nazaret, daar de wegwijzers volgen. Ma gesloten, hoge prijsklasse ■ D4

Calle Herrera y Rojas 9
Za gesloten
Hoge prijsklasse

La Tahona ■ a4
Aparte plaats, naast het stadhuis van Teguise, ook erg geliefd bij de plaatselijke bevolking. Met ongewone tapas zoals **bizcochón de batatas**, een koek van zoete aardappelen. Ernaast ligt een winkel met historische foto's van Teguise, oude landbouwwerktuigen, aardewerk.
Calle Santo Domingo 3
Lage prijsklasse

Winkelen

Bijna nergens anders vindt u zoveel originele winkeltjes als hier. Wat hier een 'winkelcentrum' heet, zijn in feite mooi opgeknapte herenhuizen als het Casa Léon, het Casa Santiago en de Galeria de la Villa met een mix van bistro's en boetieks.

Casa de la Palmera ■ b2
Culinaire specialiteiten om van te smullen: bananen-, moerbeien en cactusconfituur, stevige mojo- en currysaus, scherpe timanfayamosterd, olie en azijn met kruiden, likeur van allerlei exotische vruchten. Alles heeft zijn prijskaartje.
Plaza de la Constitución s/n

Mercadillo de Teguise ■ b2/3
In de onder monumentenzorg geplaatste straten van Teguise wordt elke zondag een groot verkoopfeest gehouden. Kunsthandwerkers, boeren en handelaars in prullaria stallen hun waren uit. Senegalezen verkopen houten maskers en beeldjes, Andalusische zigeunerinnen brengen zijn sjaals en lingerie aan de man. Bij de volgende stand wordt keramiek aangeprezen. Ook liefhebbers van culinaire verwennerijen komen niets tekort: boeren brengen wijn, geitenkaas, ingemaakte tomaten en bananenmarmelade mee.

Galería La Villa ■ b2
Een aantal winkels en nuttige adressen zijn samen onder één dak gebracht. Info over logies, boeken, kleren van handgeweven natuurstoffen...
Plaza Clavijo y Fajardo 4
Za en ma gesloten

Quesería El Faro zuidwesten ■ a4
Voorproefje en verkoop van geitenkaas aan de weg naar Mozaga. De kaashandel is de grootste van het eiland met overwegend milieuvriendelijke producten. Op zondag verkopen ze hun producten op de markt in Teguise.
Ctra. Teguise-Mozaga km 4,2
www.queseriaelfaro.com
Zo gesloten

Nuttige informatie

Bussen ■ a4
Er zijn dagelijks verschillende busverbindingen naar Arrecife, maar vanuit Puerto del Carmen en Costa Teguise alleen naar de zondagsmarkt (terugreis tussen 12 en 13 uur).

Medische hulp
Apotheek ■ b3
Plaza San Francisco s/n

Politie
Policía Municipal ■ b2
Plaza de la Constitución 3
Tel. 9 28 84 52 52

Postkantoor
Correos ■ b3
Calle Flores 4
Zo gesloten

Taxi
Tel. 9 28 52 42 23

Uitstappen

Arrieta

E3

Het vissersdorp in het noordoosten van het eiland is niet bijzonder mooi, maar het is een geliefde vakantiebestemming voor rugzaktoeristen, dankzij de vele privé-appartementen. Toch is het hier nog rustig; disco en nachtleven zijn hier onbekend. De restaurants aan de haven worden vooral in de late namiddag bezocht. Na een bezoek aan **Jameos del Agua** maken veel vakantiegangers hier nog een tussenstop. Bijna alle tavernes liggen vlak aan het water. U zou voor minder trek krijgen in verse vis bij een romantische zonsondergang. Het blauwe, opvallende huis in de haven behoorde ooit aan een emigrant uit Zuid-Amerika. Van 1995 tot 1997 was hier, in de Casa Juanita, een museum voor Afrikaanse kunst ondergebracht.

TOPTEN 9

Meer naar het zuiden ligt het halfronde **Playa de la Garita**, een 500 m lang strand: bij kalme zee is dit een mooie plek om te zwemmen. Hier kunt u vissen, windsurfen en frisdrank kopen aan een kiosk. Als u wilt duiken, moet u contact opnemen met **Northdiving** (Base de Buceo, Calle La Garita 33). Voor andere sporten, zoals klimmen en deltavliegen, kunt u terecht bij **Econatura**. Het kantoor ligt links op de weg naar Male en u kunt het herkennen aan de kleine, zwarte windturbine.

Arrieta leeft van de goede naam van de visrestaurants. De originele architectonische blikvanger aan zee, het Museo de Africa, is intussen gesloten.

Logies

Finca de Arrieta
Een verfijnd ecologisch resort in het noorden van het eiland. Op een uitgestrekt stuk grond tussen het strand en de bergen staan verschillende natuurstenen huizen, die in hun energiebehoefte voorzien dankzij de wind en de zon. Het water komt uit de bron van het huis. Heel origineel zijn de nomadententen die ingericht zijn met oriëntaalse meubels. Ze hebben allemaal een keuken, een bad en een terras en variëren in prijs. Er is een jacuzzi en een verwarmd zwembad. De gasten ontmoeten elkaar in de gemeenschappelijke ruimte, waar ook paella- en tajine-avondjes georganiseerd worden.
Calle Lugar Diseminado 34
Gemiddelde/hoge prijsklasse

Fisherman's Cottage
Een mooi verblijf direct aan de zee, dat door de Britse krant The Guardian de hemel in geprezen werd. Het behoort tot de 20 mooiste kusthotels ter wereld.
Calle La Garita 72
Hoge prijsklasse

Eten en drinken

Amanecer
Populair visrestaurant in de 'hoofdstraat' van Arrieta, uitgebaat door vijf broers. Het mooiste zit u op het beschutte terras met zicht op zee.
La Garita 46
Do gesloten
Gemiddelde prijsklasse

El Charcón
Visrestaurant met tegen de wind beschut terras. Om te drinken bestelt u best de wijn La Grieta uit de bodega van het huis in Punta Mujeres.
Calle Charcón 13
Gemiddelde prijsklasse

La Caleta de Famara

D4

Afgelegen vissersdorp, 9 km ten noorden van Teguise, met verschillende bars en restaurants.
Hier vindt u geen typische architectuur, zoals elders op Lanzarote. De huizen zijn eenvoudig en de wegen stoffig en niet verhard. Het zand stapelt zich op tot kleine duinen en geeft het geheel een wildwestsfeer. Misschien ligt het aan de combinatie van een zorgeloze sfeer en een wilde zee dat windsurfers zich juist hier zo goed voelen. De drang naar avontuur brengt hen hierheen, want de stroming is sterk en het zwemmen niet zonder risico's.
Het **Playa de Famara**, een zandstrand van 1 km lang, ligt ten oosten van La Caleta, onder een imposante bergketen van 600 m hoog. Deze zorgt voor een bijzonder klimaat: terwijl in andere delen van het eiland de passaatwolken over de heuvels wegglijden, stapelen ze zich hier op tot dichte pakken. Hun vochtigheid condenseert op de rotsen en voedt zo een heleboel unieke planten.
Vaak ziet u hier deltavliegers, die langs de steile rotsen zweven.
Aan de oostkant van de baai hebben Noren het vakantiedorp **Playa Famara** opgebouwd. De vlakke bungalows zijn omgeven door stenen muren en lijken onder de steile rotswand weg te duiken.
Bij het complex behoren bovendien een supermarkt, restaurant en autoverhuurcentrale, zwembad en tennisbaan.

Logies

Playa Famara
Bungalowpark, 1 km ten oosten van het dorp onder de steile rotsen.
Halfronde eenpersoonsbungalows

La Caleta, het vissersdorp met woestijndecor, heeft heel wat pittoreske hoekjes. De toeristische glitterwereld lijkt hier mijlenver vandaan...

met groot terras, een paar met mooi zeezicht.
De receptie is normaal gezien open in de voormiddag.
Calle Cascabelillo 60
140 bungalows
Hoge prijsklasse

Ap. Luis M. Cabrera
Een goed adres voor iedereen die zijn vakantie wil doorbrengen tussen de plaatselijke bevolking en niet wil inboeten wat het comfort betreft. Bij Luis hebt u de keuze tussen verschillende appartementen. Het best uitgerust is bijvoorbeeld dat in de Calle Montina 14, op twee minuten van de strandpromenade, met digitale televisie, magnetron, wasmachine, balkon en beschut terras. De dochter des huizes spreekt Engels.
Calle Majuga 20
www.apartamentos-lagraciosa.com
Gemiddelde prijsklasse

Charco del Palo ■ E4

Dit verzorgde bungalowpark voor naturisten is ontstaan in het begin van de jaren zeventig in een romantische kuststrook ten zuiden van Arrieta. De afslag is niet bewegwijzerd. U rijdt het beste via Mala, waar bij restaurant El Quijote een kleine asfaltweg afbuigt naar de zee.
De golven slaan wild tegen de gekloofde rotskust en het opwaaiende zand vormt duinen. Ideaal voor een zwempartij is een natuurlijk bassin met zandterrassen. Landinwaarts strekken zich cactusvelden uit, omgeven door muren uit vulkaangesteente.
Aan **Puerto Moro** is een vakantiedorp met 800 bedden gebouwd. Deze diep ingesneden baai was in de 16de eeuw de invalspoort van Berberse piraten.
Ter bescherming van de bewoners werd het **Casa Curbelo** gebouwd, een vestingachtige uitkijkpost, waarvan nu nog steeds resten te zien zijn.

Logies

Castillo de Papagayo
Prima adres voor naturisten. Villa's, vakantiehuisjes, bungalows en appartementen voor twee tot vijf personen, voor de liefhebbers ook met zwembad.
Montaña del Mojón, 39
www.castillodepapagayo.com

Cueva de los Verdes

■ E3

Geheimzinnig grottenlabyrint ten noorden van Arrieta dat ontstaan is ten gevolge van de uitbarsting van de Corona, zo'n 3000 à 5000 jaar geleden. In de versteende lava vormde zich een 6 km lange tunnel, die zich uitstrekt tot aan de zee.
Op het parkeerterrein staat een opzichter klaar om u naar de kassa te begeleiden, waar de rondleiding begint.
Door een grote, halfopen trechter daalt u in de grot af, die zich al snel vernauwt tot een smalle pijp. De wanden kleuren in groene en rode tinten, zoutkristallen lijken wel diamanten en de sfeervolle achtergrondmuziek zorgt voor een nog sterkere betovering.
Druppelvormige creaties hangen van het plafond naar beneden en op sommige plaatsen moet u zelfs diep door de knieën zakken.
Dan wordt de tunnel plotseling groter en lijkt wel een kathedraal, waar tijdens festivals concerten plaatsvinden.
Via smalle trappen gaat het dan omhoog naar de bovenste ruimte, waar u een laatste hoogtepunt wacht. Er duikt een bizarre afgrond op, die bij nader inzien optisch bedrog blijkt te zijn: de ondergrondse meren zijn namelijk zo glad, dat de weerspiegeling van het plafond in het water eerder een afgrond lijkt.
Na de wandeling van 50 minuten keert u opgelucht weer naar de oppervlakte terug.
Dagelijks open

TOPTEN 6

Mystiek: een grottenwandeling door de Cueva de los Verdes – vermoedelijk de langste lavatunnel ter wereld – wordt begeleid door sfeervolle muziek.

Guatiza

■ E4

Een dorp te midden van cactusvelden, waarvan de inwoners zich weer kunnen toeleggen op het kweken van cactusschildluizen – dankzij hoge EU-subsidies. De zogenaamde cochenilles zijn kleine insecten die, eenmaal gedroogd en gemalen, een karmijnrode kleurstof afgeven. Deze is erg geliefd in de cosmetica-industrie, vooral bij de productie van lipstick.
Het hoogtepunt van Guatiza is de **Jardín de Cactus** aan de noordrand van het dorp. Het is het laatste werkstuk van de overleden **César Manrique**. Hij toverde een oude steengroeve om tot een sprookjestuin, waarin duizenden cactussen als levende sculpturen te bewonderen zijn. Op de zwarte lava groeien stekelige bolletjes en bizarre reuzenzuilen, wat voor een heel bijzonder effect zorgt.

TOPTEN 7

U kunt deze fantastische tuin ook bekijken vanaf het terras van het café.
In de molen worden graan en maïs gemalen.
Carretera Arrecife-Arrieta
Dagelijks open

Guinate

■ E3

Klein bergdorp tussen Haría en Mirador del Río. De hoofdattractie hier is de **Mirador de Guinate** aan de rand van het dorp. Hier kunt u de afgebroken steile kust van Famara en de zee-engte van El Río zien, evenals het eiland La Graciosa en de eilanden erachter, Alegranza en Montaña Clara. Op weg naar Mirador kunt u een tussenstop inlassen in het **Guinate Park**. Hier leven meer dan 1200 exotische vogels in kooien en paviljoenen, tussen watervallen en lagunes.
Meermalen per dag is er een papegaaienshow. Jammer genoeg is de toegangsprijs mateloos overdreven.
www.guinatepark.com
Dagelijks open

Het schilderachtige dorp Haría ligt in het 'dal der duizend palmen'. Zo'n 3000 palmen om precies te zijn, bezorgen de plaatselijke mandenvlechters voldoende materialen.

Haría ■ E3

Schilderachtig dorp in het 'dal der duizend palmen'. Nergens anders is het zo verfrissend als hier: dankzij het 700 m hoge Famaramassief, waar zich vaak passaatwolken opstapelen, is het overal groen.

TOPTEN 5

Voorbij het Plaza de la Constitución, komt u in het **kunstnijverheidscentrum** terecht (Calle Barranco 4, za/zo gesloten). Hier worden manden gevlochten van palmbladeren, linnen en katoenen stoffen versierd met borduurwerk.

Rust en schaduw vindt u op het lange **Plaza León y Castillo**, waar de boomkruinen zo dicht zijn, dat er nauwelijks een lichtstraal doordringt. Aan het hoofdeinde van het plein staat een kleine kerk verborgen onder eucalyptus- en laurierbomen. Rechts ervan bevindt zich het museum voor sacrale kunst (alleen op za open) en het plaatselijke centrum voor cultuur. Het plein ademt een slaapdronken sfeer, en komt pas tot leven wanneer de souvenirhandelaars op zaterdag hun waren uitstallen.

Logies

Arte de Obra

Bettina Bork, een leerlinge van César Manrique, heeft een cultureel centrum opgericht met aantrekkelijke kamers en appartementen. Dieren mogen meegebracht worden.

Calle San Juan 12
www.artedeobra.com
Gemiddelde prijsklasse

Eten en drinken

Mesón de la Frontera

Een uitstekend adresje. Vanop het terras heeft men een mooi uitzicht over het dal. Men kan hier genieten van overheerlijke visgerechten van de grill.

Casas de atrás 4
Dagelijks open
Gemiddelde prijsklasse

Jameos del Agua ■ E3

Vulkaantunnel ten noorden van Arrieta die met de Cueva de los Verdes een gemeenschappelijk grottensysteem vormt.

TOPTEN 9

Hier schiep **Manrique** een totaalspektakel, dat tot de grootste attracties van het eiland behoort.

Er is een bar en een restaurant, een feestzaal en een tentoonstellingsruimte.

U kunt afdalen naar een meer, dat ondergronds verbonden is met de zee. Hier leeft de 3 cm grote, bijna blinde albinokreeft, die u elders pas op 1000 m diepte terugvindt. Door aardverschuivingen spoelde deze 'witte monnik' kennelijk aan in de grot en nu glanst hij als een sieraad op de bodem van het meer. Maar zijn leven is in gevaar: ondanks de waarschuwingen gooien bezoekers muntstukken in het water – dit mag hun misschien geluk brengen, maar het vergiftigt wel de kreeften.

Langs een bar in de rotsen gaat het verder omhoog naar een kunstmatige lagune, verleidelijk mooi, maar het is verboden erin te zwemmen.

Via een deur links van het meer komt u dan terecht in het ondergrondse auditorium. Dit wordt, dankzij zijn goede akoestiek, gebruikt voor klassieke concerten en jazzoptredens (→ Tip blz. 32).

Meermalen per week is hier ook een audiovisuele voorstelling over het ontstaan van het eiland.

Voor meer informatie over vulkanisme kunt u terecht in het Casa de los Volcanes.

Dagelijks open

Mala

■ E4

Dit dorp, omgeven door cactusvelden, is erg geliefd bij Duitse vakantiegangers. Er vinden regelmatig lichtmassages, meditatie- en sprookjesavonden plaats in de zogenaamde 'piramide' (Calle La Mareteja 5).
Mooie en betaalbare vakantiewoningen vindt u bij:
Berthold & David Himmelsbach
Calle El Cangrejo 31
www.lotus-del-mar.com
Gemiddelde prijsklasse

Mirador del Río

■ E3

TOPTEN 10

Het 475 m hoge uitzichtpunt aan de noordkaap van het eiland werd door Manrique omgetoverd tot een droomkasteel. Als u vanuit Haría of Arrieta komt aanrijden, ziet u eerst alleen een grote sculptuur: vogel en vis in elkaar verweven. Mirador is met zijn vlakke muren uit natuursteen zo goed in het bruine rotsgesteente geïntegreerd, dat u het aanvankelijk nauwelijks opmerkt. Het architectonische meesterwerk herbergt een restaurant met een adembenemend uitzicht. Vanuit vogelperspectief kijkt u neer op de zee-engte El Río, en het eiland La Graciosa presenteert zich als een opengeslagen reliëfkaart.
Dagelijks open

Een door mensenhanden omgevormd natuurwonder: César Manrique maakte van de Jameos del Agua een soort 'vulkanisch Disneyland'.

Órzola

E2

Belangrijke vissershaven aan de noordkust. Meermalen per dag vertrekt er aan de pier een veerboot naar La Graciosa (→ blz. 104). Rond de haven liggen verschillende restaurants, die de constante bevoorrading van de rijke visgronden verwerken. Ten westen van de haven ligt **Playa de la Cantería**, een eenzaam zandstrand onder loodrecht uitstekende rotswanden. Hier bewijzen surfgenieën hun kunnen, maar zwemmen is hier te gevaarlijk. Meer naar het zuiden vindt u mooie kleine baaien, witte duinenstranden te midden van het donkere lavalandschap. Aan de weg naar Yé (km 1) ligt een groot complex met boerderij en tuin, geiten- en koeienstal: **Granja Las Pardelas**. In de winkel kunt u traditioneel kunsthandwerk kopen (dagelijks open).

Eten en drinken

Perla del Atlántico
Groot visrestaurant met mooi zeezicht. Een aanrader is de **parrillada**, een grote, gemengde visschotel, met een landwijntje uit Lanzarote.
Calle Peña de Dionisio s/n
Dagelijks open
Gemiddelde prijsklasse

Punta Fariones
Dit restaurant, genoemd naar de twee rotsen op het noordpunt van Lanzarote, is ook erg geliefd bij de plaatselijke bevolking. Lekkere vis en als voorgerecht **lapas** (napjesslakken)!
Calle La Quemadita 8
Ma gesloten
Gemiddelde prijsklasse

Gewoonweg adembenemend: bijna 500 meter boven de zeespiegel, aan de rand van steile basaltklippen, schiep Manrique het Mirador del Río.

Punta de Mujeres ■ E3

Het vissersdorp aan de noordoostkust vergroeit steeds meer met Arrieta. Aan de boulevard ziet u twee zwembaden met zeewater en een piepklein zandstrand.

Logies

Casitas del Mar
Mooi complex, vlak aan de rotsige kust, en ver van de drukte van de weg naar Arrieta. Alle woningen hebben zeezicht, uitgezonderd de vier bungalows op de laatste rij. De huisjes zijn ingericht voor 4-6 personen, hebben twee aparte slaapkamers, een keuken en satelliettelevisie.
21 bungalows
Gemiddelde prijsklasse

Tahiche ■ D5

Het kleine dorp ligt 5 km ten noorden van Arrecife, aan de voet van een kegelvormige vulkaan.
De zwarte velden van stekelig gesteente vormen een schril contrast met de door muren omgeven witte huizen. In de buurt van het dorp liggen de **Casas Hondas**, lavagrotten waarin vroeger oud-Canariërs woonden.

Bezienswaardigheid

Fundación César Manrique
Na zijn terugkeer uit New York in 1968 bouwde Manrique, analoog aan de lavagrotten, een fantastisch huis.
Dit kunstwerk bestaat uit vijf vulkanische bellen op een lavabed. In maart 1992, slechts een paar maanden voor zijn dood, stelde hij het huis open voor publiek.
De **Fundación César Manrique** ligt op de afrit San Bartolomé. U kunt het huis herkennen aan het zilveren kunstwerk. In het huis zijn natuur en architectuur op ideale wijze verenigd. Met een minimale ingreep

TIP

Manrique in memoriam Natuurlijk is er bij de Fundación in Tahiche ook een museumwinkel, waar u alles kunt kopen met het teken van de meester: T-shirts, zilveren juwelen, rugzakken van handgeweven linnen en natuurlijk kunstboeken en video's. Wie was deze multikunstenaar, die op geniale wijze het 'kunstwerk Lanzarote' schiep? Manrique, geboren in 1919 in Arrecife, vocht in de Spaanse burgeroorlog voor Franco tegen de republikeinen. Daarna studeerde hij kunst in Madrid. In New York, waar hij van 1965 tot 1968 woonde, had hij een nauw contact met popkunstenaars, zoals Warhol en Rauschenberg. ■ D5

werden de vulkaangrotten in de woonruimte geïntegreerd. De in elkaar geschoven kubusvormen doen denken aan de traditionele bouwwijze. Minaretachtige torentjes, die naar Marokko verwijzen, vormen de enige versiering. Op de begane grond kunt u schilderijen van Manrique bewonderen, op de bovenverdieping werken uit zijn privécollectie, onder andere van Picasso, Miró en Tàpies.
Er worden ook lezingen georganiseerd, en tot de populairste gasten behoorde de in 2010 overleden auteur en Nobelprijswinnaar José Saramago. Hij woonde sinds 1993 op Lanzarote en kreeg in de herfst van 1998 de Nobelprijs voor literatuur.
Taro de Tahiche s/n
Dagelijks open

Teseguite ■ D4

Mooi, klein boerendorp met gerenoveerde kerk. Talrijke buitenlanders hebben hier oude boerderijen gekocht en in Canarische stijl gerestaureerd.

Winkelen

Atelier Anneliese Guttenberger
Aan de rand van het dorp, richting Guatiza, heeft Anneliese Guttenberger een galerie geopend. Haar werken zijn geïnspireerd op het landschap en de mensen van Lanzarote. Eveneens interessant zijn de werken van haar partner, Stefan(o) Schultz: kleisculpturen, die aan azteekse godenbeelden doen denken, evenals kunstzinnig gevormde gebruiksvoorwerpen van zwart gebakken aardewerk.
Av. Acorán 43-45
Za en zo gesloten

Perfecte synthese van kunst en natuur: Fundación César Manrique

Grandioze vuurbergen en zwarte, van de lava ontrukte wijnvelden: vanuit de vakantie- en ontspanningscentra aan de kust zijn deze natuurschoonheden gemakkelijk te bereiken.

Zwarte lavastromen lijken plotseling versteend: grote delen van het zuidwesten herinneren ons aan de vulkaanuitbarstingen van de jaren 1730 tot 1736, toen de Timanfaya vuur en as spuwde en twaalf dorpen onder de stroom verwoest werden. Het natuurgeweld heeft nog altijd een huiveringwekkende invloed: hier wordt duidelijk hoe snel iets dat met moeite werd geschapen, verwoest kan worden.

Over wijn en wonden

Maar hier bent u ook getuige van een eeuwige hoop. In **La Geria** hebben de boeren een echt wonder verricht. Waar de hellingen met fijnkorrelige lava, de zogenaamde **picón**, bedekt zijn, hebben ze zo diep gegraven, dat ze bij de vruchtbare aarde uitkwamen. In de uitgegraven kuilen strooiden ze zaadjes en die bestrooiden ze met lavakorrels. Op het poreuze gesteente condenseert de nachtdauw, die vervolgens in de aarde sijpelt. Op een eiland dat geen bronnen en nauwelijks regen kent, was dit de enige mogelijkheid om vochtigheid te creëren. Maar niemand weet hoe lang deze moeilijke manier van wijnbouw nog bedreven kan worden. Ondanks de goede zaken die met Lanzarotewijn gedaan worden, wordt het almaar moeilijker om degelijke opvolging te vinden voor de wijnboer.

De kust vormt een waar contrast. Op de zandstranden van **Puerto del Carmen** liggen in het zuiden rotsstroken met uitgesneden baaien. De beschermde Papagayostranden ten zuidoosten van **Playa Blanca** zijn heerlijk om te zwemmen. Erboven lopen de hellingen naar de 608 m hoge bergketen **Ajaches** toe en in Femés hebt u een grandioos uitzicht op de kust.

Kleurenspel van de natuur

Het samenspel van lava en water in het westen van het eiland creëert een ongewone schoonheid.

El Golfo is een smaragdgroen kratermeer, dat zich magisch aftekent tegen de rood-okeren rotswand.

De aangrenzende rotskust, **Los Hervideros**, die aangevreten is door de branding, is wel een heel apart natuurfenomeen. De golven bonken hoog tegen het aangetaste gesteente en in het zonlicht glinstert het opspattende water in alle kleuren van de regenboog.

Aan de zuidpunt van het eiland ligt het groeiende vakantieoord met een prachtig uitzicht op het eiland Lobos en de zinderende duinenvelden van Fuerteventura.

Playa Blanca

■ A6

10.600 inwoners
Stadsplattegrond: blz. 71

Het zonovergoten Playa Blanca, met zijn witte huisjes, strekt zich kilometerslang uit langs de kust. Het is uitgegroeid tot een internationaal vakantiecentrum, dat echter niet zo hectisch is als Puerto del Carmen. In de haven liggen plezierboten, veerboten en vissersloepen voor anker en een aantrekkelijke strandboulevard loopt langs boogvormige baaien. Cafés en restaurants rijgen zich aan elkaar en de hogergelegen straten zijn autovrij. Families voelen zich thuis in Playa Blanca. Het mooiste is **Playa Flamingo** ten westen van de haven, waar het strand door lange pieren tegen de branding is beschut.

Aan **Playa Dorada** is het ook mooi om te zwemmen; dit lichte, kunstmatig gewonnen zandstrand ligt een kilometer ten oosten van de haven. U kunt er waterskiën, surfen en waterfietsen huren.

De moderne, nieuwe jachthaven (Puerto Deportivo Marina

De promenade van Playa Blanca is erg geliefd bij vakantiegangers, en de eigenaars van de winkels en horeca-etablissementen zijn blij met het binnenstromende geld.

Rubicón) bevindt zich zo'n 2 kilometer oostwaarts nabij het Castillo. Hier probeert men zich van het zogenaamde 'goedkope toerisme' te verwijderen. Langs lange pontons liggen ranke plezierjachten, houten bruggen voeren over laguneachtige waterbekkens. In de vrolijke paviljoenen op de kade bevinden zich kunstgaleries, cafés en restaurants, waaronder ook de legendarische Club de Mar. Naast de Capitanía, het meldpunt voor schippers, is een duikbasis ingericht waar men duikcursussen aanbiedt in zeven talen.

Per auto, boot of fiets kunt u de **Playas de Papagayo**, de zogenaamde 'papegaaienstranden', bereiken, die zo'n vijf kilometer verder liggen.

Uit een vissersnest is een toeristenstad gegroeid

Een paar decennia geleden was Playa Blanca nog een stoffig vissersdorp, waar niet eens tien families woonden. 'Er waren nooit twee auto's tegelijkertijd in het dorp aanwezig. De waterleverancier kwam één keer per week en de bestelwagen van de Turkse handelaar dook hooguit vier keer per jaar op.' Zo beschreef Vázquez-Figueroa de plek in 1949 in zijn roman 'Océano'. De jaren zestig luidden verandering in. De eerste vreemdelingen kwamen uit Puerto del Carmen en Costa de Teguise, dat in opbouw was. De wegen waren stoffig en soms verraderlijk. Een paar vissersgezinnen begonnen hun huizen te verhuren en al snel waren er meer taxichauffeurs, obers en keukenhulpjes dan landbouwers en vissers.

De mooiste en grootste baaien van Lanzarote hebben van Playa Blanca een echt vakantiecentrum gemaakt. De drukte is hier (voorlopig nog) minder hectisch dan in Puerto del Carmen.

Hotels en ander logies

Volcán ■ oostelijk d2
Dit vijfsterrenhotel ligt boven de jachthaven langs de weg naar de Papagayo-stranden. Het doet denken aan een typisch Lanzarote-dorp met zijn minaretachtige toren en meerdere bastions. Er is zelfs gedacht aan een reproductie van een vulkaan.
Urbanización Castillo del Águilla s/n
www.hotelvolcanlanzarote.com
255 kamers
Luxeklasse

Princesa Yaiza ■ oostelijk d2
Dit vijfsterrenhotel werd gebouwd in Moorse stijl. Het ligt direct aan Playa Dorada. De suiteachtige kamers beschikken over airco, satelliet-tv, kluis, haardroger en al het denkbare comfort. Vanaf het grote balkon heeft men uitzicht over het zwembadlandschap en de zee. U kunt er eten in de stijlvolle restaurants die internationale, Mexicaanse, Italiaanse of Japanse keuken serveren.
In het hotel is er een thalassocentrum met binnenzwembad en sauna's. Er zijn ook twee tennisbanen en squash-courts.
In 'Kikoland' worden de kleinsten van 3 tot 12 jaar beziggehouden met sport en spel.
Av. de Papagayo s/n
www.princesayaiza.com
385 kamers
Luxeklasse

Villas Kamezi
31 villa's in Manrique-stijl met woon- en kookgedeelte en 2 tot 4 slaapkamers. Ze hebben allemaal een tuin en een zwembad. 12 huisjes liggen op de eerste rij en bieden een mooi zeezicht en directe toegang tot de oeverpromenade. Het is 40 minuten lopen tot het centrum, maar er zijn fietsen te huur bij de receptie.
Calle Mónaco s/n
www.heredadkamezi.com
31 villa's
Luxeklasse

Dream Gran Castillo ■ a3
Een groep kleine gebouwen in koloniale stijl, die de indruk van een historisch gegroeide plaats creëren. Kamers met veel hout en een maritieme uitstraling. Er is een wellnesscenter, meerdere restaurants en bars.
Calle Hoya de Afre 2
www.dreamplacehotels.com
260 kamers
Hoge prijsklasse

Lanzarote Princess ■ d1/d2
Dit comfortabele hotel in de vorm van een hoefijzer sluit een weelderige tuin met zwembaden in. Het ligt in het oosten van Playa Blanca, slechts op vijf minuten wandelafstand van Playa Dorada en ietsje langer tot het centrum. Dagelijks animatieprogramma. Een van de twee zwembaden is in de winter verwarmd. Verder nog een tennisbaan en squashbaan, minigolf en kinderclub voor 4- tot 8-jarigen.
Calle Maciot s/n
407 kamers
Hoge prijsklasse

Playa Dorada ■ d2
Comfortabel hotel met drie verdiepingen aan het gelijknamige strand. Via de strandboulevard bereikt u het centrum (1 km). Elegante kamers, groot zwembad (ook overdekt) met kinderbad. Pianobar, pub en disco, tennisbaan en animatie. Voor het hotel kunt u surfplanken en jetski's huren.
Av. de Papagayo
467 kamers
Hoge prijsklasse

Timanfaya Palace zuidwesten ■ a2
Dit hotel in Moorse stijl ligt vlak aan de kust met uitzicht op Lobos en Fuerteventura. De inkomhal is ruim en elegant, de kamers zijn comfortabel en gezellig, en bovendien uitgerust met satelliettelevisie, airco en een groot balkon.
Het hotel is aangepast aan rolstoelgebruikers, alle vertrekken zijn met glijplatform of lift toegankelijk; sommige kamers hebben rolstoelbrede deuren en bijzonder ruime badkuipen.
Voor kinderen is er animatie en 's avonds een minidisco. Het strand, Playa Flamingo, ligt 300 m verder.
Urb. Montaña Roja
307 kamers
Luxeklasse

Wandeling

Vanuit de haven wandelt u over de brede voetgangerspromenade in oostelijke richting. Op de banken onder de palmen kunt u even uitrusten en in de kleine zandbaaien kunt u de Atlantische Oceaan in duiken. Achter Playa Dorada bereikt u de nieuwe jachthaven Marina Rubicón en daarna het **Castillo de las Coloradas**. Er wordt vaak ten onrechte beweerd dat dit de vesting is die de Normandische veroveraar Jean de Béthencourt in 1402 liet bouwen. De resten van zijn burcht werden een paar jaren geleden in de buurt van het dorp Papagayo ontdekt. Als u wilt, kunt u van hieruit via een mooi bergpad nog een stuk verder wandelen – vanaf een platform hebt u een mooi uitzicht op de stranden beneden.

Bezienswaardigheid

Castillo de las Coloradas
zuidoosten ■ d2
Ronde vestingstoren aan kaap Punta del Águila, 2 km ten oosten van Playa Blanca. Hij werd gebouwd in 1741, onder Carlos III, en de klokken moesten de bevolking waarschuwen voor naderende piraten.
Na zijn restauratie is hij een heuse toeristische attractie geworden.
Vanaf het platform hebt u een mooi uitzicht op Fuerteventura.

Eten en drinken

Almacén de la Sal ■ c2
Deze voormalige opslagplaats van zout werd gerestaureerd en omgetoverd in een restaurant. Aan de muren hangen oude zeekaarten en historische foto's uit een nog niet zo ver verleden, toen de vissers het geoogste zout naar de schepen brachten. Aan het plafond hangt het skelet van een boot.
Vanaf de omliggende gaanderij kunt u de pianist zien, die 's avonds blues- en jazzklassiekers speelt.
Baskisch-Canarische keuken met nadruk op vis.
Av. Marítima 12
Di gesloten
Hoge prijsklasse

Brisa Marina ■ c2
Een fris 'zeebriesje' op het aantrekkelijke terras. De keuken is al even aantrekkelijk: de visgerechten 'a la plancha' (op een hete plaat gegrild) zijn doorgaans aan te raden.
Av. Marítima 24
Gemiddelde prijsklasse

La Casa Roja ■ oostelijk d2
Het 'rode huis' aan de jachthaven. Het terras met houten planken reikt tot ver in het water, zodat u zich op een scheepsdek waant. Het lekkerst zijn de visgerechten. U bent ook welkom als u alleen maar een cocktail wilt proeven. In het weekend livemuziek.
Marina Rubicón

Dagelijks open
Gemiddelde prijsklasse

Lani's ■ oostelijk d2
Het aanbod gaat van tapas over pizza's tot steaks. Populair dankzij zijn goede ligging aan de jachthaven en de relatief lage prijzen.
Marina Rubicón
Dagelijks open
Lage/gemiddelde prijsklasse

's Avonds

Playa Blanca is in vergelijking met Puerto del Carmen een rustig oord. Concerten met livemuziek vinden plaats in de cafés langs de promenade en in Café del Mar (Marina Rubicón, dagelijks open). Folklore en entertainment worden in alle grote hotels aan de gasten aangeboden.

Nuttige informatie

Oficina de Información Turistica
Inlichtingenkantoor in het centrum.
hoek Calle Limones/av. de Papagayo
Za en zo gesloten

Autoverhuur
Cabrera Medina ■ c2
Drie filialen en niet te duur.
Av. Papagayo s/n
Tel. 9 28 51 71 28

Bussen ■ c2
Om de 30 minuten is er een bus die langs alle stadsdelen langs de kust rijdt. Ongeveer om het uur geraakt u via Yaiza in Arrecife.

Veerboten ■ b3
Ongeveer om het uur kunt u met een van beide concurrerende veerboten naar Corralejo op Fuerteventura varen. De overtocht duurt ongeveer 25 minuten.
Vooraf reserveren is niet nodig, maar als u tijdens het weekend met uw auto overgezet wilt worden, moet u uw ticket van tevoren kopen. Voor gemotoriseerde passagiers zijn er uiterst interessante aanbiedingen.
Rederij Fred Olsen
Tel. 9 28 51 72 66
Rederij Armas
Tel. 9 28 51 79 12

Medische hulp

Apotheek ■ c2
Av. del Varadero 17

Gezondheidscentrum ■ c1
Consultorio
Av. del Varadero s/n
Tel. 928 51 75 42

Dokter ■ a3
Clínica Lanzarote Playa Blanca
Dag en nacht geopend
C.C. Lanzarote Park, local 17
Alarmnummer: tel. 900 10 04 50

TIP

Rotseiland Lobos Op het zuiden van Lanzarote lijkt het alsof je het Isla de Lobos kunt aanraken, zo dichtbij ligt het 'eiland van de wolven'. Er hebben nooit wolven geleefd, maar wel zeeleeuwen, die het eiland voor de Conquista als broedplaats hadden uitgekozen. Bij kalme zee varen 's ochtends boten uit naar het 6 km² grote eiland en ze pikken u 's middags weer op. Intussen kunt u op een verhard pad helemaal rond het beschermde eiland wandelen (2,5 uur) of aan Playa de las Conchas, tien wandelminuten ten westen van de kade, genieten van de eenzame natuur.
■ c1, blz. 107

Postkantoor ■ c2
Er bevindt zich een postfiliaal aan El Correillo s/n.
Zo gesloten

Fietsen
Bike Rental ■ a3
Verhuur van city- en mountainbikes.
Renner Bikes
Punta Limones 11
www.mountainbike-lanzarote.com

Boottochten ■ b2/b3
Motor- en zeilboten maken meermalen per week trips naar de Papagayostranden, Fuerteventura en Lobos. De tour met de houten tweemaster 'Marea Errota' is erg geliefd. Bijna elke dag vaart hij zes uren langs de oostkust naar Puerto del Carmen. Onderweg is er een zwempauze aan de Playas de Papagayo. Reserveren kunt u in de haven. Daar ligt ook de duikboot 'Aquascope', die om het halfuur onder water gaat en u de zeebodem laat zien.

Windsurfen ■ d2
Als de windrichting het toelaat, wordt er gesurft aan Castillo, Playa Dorada en Playas de Papagayo. Surfplanken worden verhuurd voor hotel Playa Dorada.

Duiken ■ a3
Duikcentrum Big Blue Sea is het beste uitgerust.
Gasten worden gratis aan hun hotel afgehaald.
Av. Papagayo 75
Tel. 928 51 91 41
www.pp-diving-center.de

Taxi ■ c2
Aan de haven en aan de rotonde bij de Av. Papagayo, tel. 9 28 51 71 36

Trossen los: houdt u van excursies met de boot, dan is Playa Blanca voor u een prima verblijfplaats.

Puerto del Carmen is een toeristisch hoogstandje met ontspanningsmogelijkheden te over. Voor meer rust ruilt u het strand in voor het vroegere vissersdorp.

Puerto del Carmen ■ C5/C6

4000 inwoners
Stadsplattegrond: blz. 77

Puerto del Carmen is het grootste en bekendste vakantiecentrum van het eiland. Tussen het voormalige vissersdorp in het zuiden en de luchthaven in het noorden liggen drie aantrekkelijke baaien: **Playa Blanca, Playa de los Pocillos** en **Playa de Matagorda**. Ze zijn allemaal van elkaar gescheiden door kleine rotspartijen, maar worden verbonden door de 12 km lange, bonte strandpromenade. U ziet het lichte zand en de zacht uitlopende golven van de Atlantische Oceaan.
Landinwaarts krijgt u een totaal ander beeld. Hier zijn hotels en appartementencomplexen, winkel- en ontspanningscentra dicht bij elkaar gelegen. Naast pizzeria's liggen Chinese restaurants, barbecue-etablissementen en Britse pubs. Rond de oude haven gaat het er rustiger aan toe. Aan de pier liggen vissersboten en excursieschepen voor anker, steile straatjes kronkelen de helling omhoog. U kunt toekijken hoe de plaatselijke bevolking bola (jeu de boules) speelt, u doet boodschappen in een buurtwinkeltje en drinkt een glaasje Lanzarotewijn in de bar.

Strandvreugde

Wat Playa del Inglés voor Gran Canaria is, betekent Puerto del Carmen voor Lanzarote. Het feit dat meer dan 60 procent van alle toeristen hier hun vakantie doorbrengt, is in eerste instantie te danken aan de prachtige zandstranden. Het mooiste strand is **Playa Blanca**, dat bij hotel Los Fariones begint en zich verder oostwaarts uitstrekt. U kunt er ligstoelen en parasols huren, en wie het goedkoper wil, zoekt de schaduw van de aangeplante palmen op. Op warme dagen wordt het strand een beetje krap en heel wat gasten wijken dan naar hun hotelzwembad uit.
Breder en langer is het **Playa de los Pocillos**. Het begint achter hotel San Antonio en strekt zich uit, over **Playa de Matagorda** heen, tot bijna aan de luchthaven. Dat het tot de lievelingsstranden van de windsurfers behoort, ligt aan de sterke wind die hier overheerst.

Een strandvakantie op Lanzarote is voor veel vakantiegangers synoniem met Puerto del Carmen.

Hotels en ander logies

Barcarola oosten ■ f3
Dit appartementencomplex met twee verdiepingen ligt aan de hoofdstraat. Het heeft een schaduwrijke tuin met zwembad en is erg geliefd bij gezinnen met kinderen. De gasten wordt verzocht zich aan de regels van een biohotel aan te passen, dat wil zeggen zuinig omspringen met water en stroom, en handdoeken.
Het hotel ligt op slechts 300 m van Playa de los Pocillos en op ongeveer 1 km van Playa Blanca. Beide stranden liggen ten oosten van Puerto del Carmen.
Bushalte voor de deur.
Av. de las Playas 53
135 appartementen
Hoge prijsklasse

Jameos Playa oosten ■ f3
Heel mooi luxehotel van de Seasideketen vlak bij het strand. In de architectuur zijn zowel Canarische als Arabische elementen terug te vinden. Het geeft geen benauwende indruk, ondanks de 1000 gasten. De kamers zijn ruim, sympathiek en licht.
De reusachtige tuin met zwembaden lijkt wel een palmenoase. Er is een uitgebreid sportprogramma, met boccia en minigolf, twee squashbanen en vier tennisbanen. Er is een tennis- en een duikschool aangesloten bij het luxueuze complex.
Playa de los Pocillos
www.los-jameos-playa.de
530 kamers
Luxeklasse

La Geria oosten ■ f3
Comfortabel en aantrekkelijk biohotel, 2 km ten noorden van het centrum. De kamers liggen om de tuin met zwembad heen, hebben terras en zeezicht, airco en satelliettelevisie.
Verder vindt u er een sauna en massagestudio, twee tennisbanen en minigolf. Om het strand te bereiken hoeft u alleen maar de boulevard over te steken.
Calle Júpiter 5
Playa de los Pocillos
www.hotellageria.com
242 kamers
Luxeklasse

Riu Paraíso Lanzarote Resort ■ oostelijk f3
Het vroegere Riu Palace werd samengevoegd met twee ernaast gelegen complexen en omgevormd tot een all-inclusive-clubhotel. Het merendeel van de kamers beschikt over een balkon en zicht op zee. Er is een groot aanbod om uzelf te ontspannen of te verwennen: zwembad, drie tennisbanen, fitnesszaal, sportruimte, biosauna, jacuzzi en een miniclub voor kinderen. Als u liever naar het strand gaat, hoeft u enkel de strandpromenade over te steken.
's Avonds wordt er voor entertainment gezorgd met shows en disco's.
Playa de los Pocillos
Calle Suiza 4-6
www.riu.com
501 kamers en 97 appartementen
Luxeklasse

San Antonio oosten ■ f3
Klassiek, traditioneel hotel aan het zuideinde van het kilometerslange strand Los Pocillos. Comfortabele kamers met zeezicht, satelliettelevisie en airco.
Het uitgestrekte complex bevat een grote, subtropische tuin met zwem-

Puerto del Carmen
Wandeling met looprichting
Bezienswaardigheid, openbaar gebouw
Kerk
Inlichtingen
Hotel
Eten en drinken
Postkantoor
Panorama
Strand
Kade
Bushalte
Mácher, Yaiza
Tías, San Bartolomé
Playa de los Pocillos, Playa de Matagorda, Aeropuerto, Arrecife
C. Reina Sofía
C. Juan Carlos I
Avenida de las Playas
C. Timanfaya
C. Barqueta
C. de Guanapay
C. de la Princesa Teguise
C. Togio
C. Guadarfia
C. de los Roferos
Las Majadas
C. Guardilama
C. Tinguatón
Bernegal
C. Doramas
Doramas
C. C. Los Cocoteros
Café Journal
Fariones Playa
C. Acatife
Los Fariones
C. Roque del Este
Harimaguada
C. Roque del Oeste
C. Alegranza
C. de La Graciosa
C. Bajamar
Hierro
Tenerife
Roque Nublo
Magec
Bodegón La Tiñosa
Virgen del Carmen
Lonja
El Fondeadero
Varadero
Puerto Varadero
Sus Libros
Los Infantes
La Fontaine
La Chalana
Teide
Mirador del Puerto
La Palma
Botabara
Jameos
Manguia
Guardia Civil
Centro de Salud
C. Agrupación Gaida
C. Salinas
C. Quesera
Los Sabadeños
C. Volcán de la Corona
Taburiente
Ansite
Terrero
Geiser
Los Ajaches
Testeyna
El Toscón
C. de los Afrechos
Playa Blanca
Puerto
Atlantische Oceaan
0
330 m
350 m
N
a
b
c
d
e
f
1
2
3

bad, twee tennisbanen, een fitnessruimte, sauna en massagestudio, meerdere bars, restaurants en ontspanningsruimtes. Het strand is weelderig beplant met palmen en heeft mede daardoor zowaar de uitstraling van een heus privé-strand.
Av. de las Playas 84
www.hotelsanantonio.com
331 kamers
Luxeklasse

Centro de Terapia Antroposófica
Een wellnesscenter met een biologische winkel en een vegetarisch restaurant. Al lopend de berg af ben je in ongeveer een kwartier bij het strand. Er worden diverse behandelingen aangeboden, daarnaast ook keramiekworkshops en schildercursussen.
Het culturele programma is uitgebreid, maar met een strikte ideologie. Ook koorzang staat op het programma, net als klassieke concerten en voordrachten over de leer van Rudolf Steiner. Een Duitse arts houdt hier regelmatig spreekuur.
Calle Salinas 12
52 appartementen
Gemiddelde prijsklasse

Wandeling

We vertrekken aan de centrale bushalte in de Calle Juan Carlos I, een van de belangrijkste verkeersaders van de stad. Via de Roque Nublo bereikt u het centrum van het voormalige vissersdorp. Het straatje Virgen del Carmen loopt langs de gelijknamige kapel naar de haven **Varadero**. Deze voormalige 'opslagplaats' is door de jaren uitgegroeid tot het beste uitgaanscentrum van de stad. De vroegere opslagruimtes zijn omgetoverd in romantische restaurants. Aan de pier vertrekken 's ochtends boten op excursie. Links ligt het drukbezochte plein: hier spelen de mannen van Puerto del Carmen 's avonds in een gemoedelijke sfeer jeu de boules.
Via de brede trappen rechts naast het restaurant Varadero loopt u omhoog naar de stille steeg Los Infantes. In deze autovrije straat zijn de mooie huizen in Canarische stijl omgeven door weelderig groen.
Achter het appartementsgebouw El Rincón lijkt de wereld van de stedelijke ontsluiting voorlopig afgelopen.
Op het panoramaplateau **Mirador del Puerto** in de rotsen hebt u een uniek uitzicht op de haven, de kust en de zee.
U wandelt terug via de Calle Teide. Via smalle trappen gaat het naar beneden, naar het **cultureel centrum El Fondeadero**, een architectonisch pronkstuk dat boven de haven uittroont. Er is een restaurant, een bodega en een taalschool, en op het voorplein staat een originele walvissculptuur.
Volg nu de weg langs de kust tot aan een zandbaai, omgeven door rotsen. Dit is een geliefde plek bij duikers.
Via de straten Harimaguada en Roque del Este komt u aan het hotel Los Fariones, dat een stuk van de kust als 'privé-strand' heeft ingepalmd. Als u niet naar het busstation terug wilt, kunt u aan de strandboulevard beginnen aan uw pleziermarathon door de wereld van restaurants, disco's en bars. De Avenida de las Playas loopt langs het strand.

Eten en drinken

Langs de hoofdstraat (Avenida de las Playas) liggen heel wat restaurants en snackbars, een populaire plaats bij heel wat toeristen. De betere zaken vindt u in het oude centrum, boven de haven.

Ancla ■ b2
Dit restaurant ligt in de haven bij Plaza Varadero en telt twee verdiepingen. Voortreffelijke keuken. Wie van een gemoedelijke sfeer houdt blijft beneden, zoekt een plaatsje aan de bar, die als boeg van een schip vormgegeven is en bestelt tapas en wijn.
Plaza del Varadero 2
Gemiddelde prijsklasse

La Casa Roja ■ b2
Het 'rode huis' is een populair adres aan de haven. Dichter bij zee kan niet: men zit op een terrasje vlak bij de in- en uitvarende boten, geniet van een koel drankje en bestelt verse vis. De vriendelijkheid van het personeel en de kwaliteit van de gerechten zijn niet altijd gegarandeerd.
Plaza del Varadero s/n
Dagelijks open
Gemiddelde prijsklasse

La Cascada del Puerto ■ c2
In dit rustiek ingerichte huis aan de haven dat wel honderd jaar oud is, worden 's middags lekkere tapas geserveerd en 's avonds grote porties gegrild en geflambeerd vlees. Er is ook een bodega bij aangesloten met een zeer goede keuze aan Spaanse wijnen.
Roque Nublo 5
Dagelijks open
Gemiddelde prijsklasse

De haven van Puerto del Carmen, met het ene gezellige restaurantje naast het andere, ademt nog een beetje de sfeer van het vroegere vissersdorp.

La Casa del Parmigiano ■ d2
Gezellige trattoria die vlak tegenover hotel Los Fariones ligt. Lekker smaken hier de pizza's en verse pastagerechten, maar ook de carpaccio en lamskoteletten.
Calle Alegranza 1
Ma gesloten
Gemiddelde prijsklasse

Mirador La Playa oosten ■ f3
Een van de weinige eetgelegenheden die direct aan de kust gelegen zijn, tegenover het winkelcentrum Arena Dorada. Op het terras onder de palmen geniet u van een slaatje, kleine gerechten en pizza's – geen culinaire hoogstandjes, maar u zit er gezellig en met een mooi uitzicht op de zee.
Av. de las Playas s/n
Lage prijsklasse

La Lonja ■ b2
Visrestaurant tegenover de haven, ook bekend onder de naam **Freiduría**. Aan de grote toonbank zit u tussen de plaatselijke bevolking en bestelt u tapas terwijl u kijkt hoe de koks hun werk doen. Op de eerste verdieping bevindt zich het eigenlijke restaurant. Op verzoek kunt u de vis die u wilt eten, zelf gaan uitzoeken in de **pescadería** (vishal).
Plaza del Varadero s/n
Gemiddelde prijsklasse

La Ola oosten ■ f3
Een van de mooiste restaurants aan de Playa de los Pocillos met zeezicht. De specialiteit van het huis: zeevruchten vers uit het aquarium. Ook een ruime keuze aan internationale gerechten.
Er is ook een beach club met zwembad, waar u een cocktail kunt drinken terwijl u schommelt in een hangmat. In de lounge komt u met een drankje of een vruchtensorbet volledig tot rust.
Av. de las Playas 41
Hoge prijsklasse

Puerto Bahía ■ b2
Canarische keuken die op een nieuwe wijze wordt geïnterpreteerd. U eet in een maritiem blauw-wit interieur met zicht op zee. Op de menukaart staat lekkere vis in veel varianten. Ook de groenten-carpaccio smaakt heerlijk.
Av. del Varadero 5

TIP

Los Fariones Dit hotel met vijf verdiepingen is het oudste van het eiland (1967). Het ligt op een uitstekende rots aan een kleine baai, slechts een paar minuten van het oude vissersdorp. De voorgevel geeft een sombere indruk, maar erachter gaat een weelderige palmentuin met zwembad schuil. Voor animatie kunt u terecht in het ernaast gelegen Aparthotel Fariones Playa (Calle Acatife 1, 231 appartementen). Daar is ook tennis, squash, sauna, fitness en kinderanimatie ter beschikking van de gasten.
Calle Roque del Este 1, 248 kamers, Luxeklasse ■ d3

Dagelijks 's middags open
Gemiddelde prijsklasse

Winkelen

Chevere oosten ■ f3
Zaak in het winkelcentrum Marítimo met onder andere excentriek kunsthandwerk. Mobiles en windbelletjes in allerlei varianten, aardewerk uit Lanzarote en Amerika, zilveren sieraden en houten maskers.
Av. de las Playas 55

Floristería La Flor del Puerto
Groot planten- en bloemenassortiment, en zaad voor de drakenboom en andere Canarische exoten.
Calle Reina Sofia 27

Biosfera Plaza ■ b2
Een shoppingmall met een totale oppervlakte van 25.000 m^2 met een supermarkt, sieradenwinkels, kledingboetieks, schoenenwinkels, cybercafés en nog veel meer. Tal van internationale merken zijn hier vertegenwoordigd met een filiaal. Er zijn bovendien veel mogelijkheden voor ontspanning en eten en drinken.
Av. Juan Carlos I, 15
Dagelijks open

Palm Center ■ d3/e3
Winkel met kunsthandwerk uit de hele wereld, aangesloten bij hotel Fariones Playa.
Av. de las Playas/Calle Acatife

Visanta oosten ■ f3
Dit is het beste adres als u op zoek bent naar horloges en zonnebrillen, camera's, scheerapparaten en elektrische toestellen van allerlei aard. Alle koopwaar kan binnen de week geruild worden.
Av. de las Playas 55
C.C. La Peñita

Tienda Fundación César Manrique oosten ■ f3
Manrique-design op T-shirts, petjes, foto's, uurwerken en aardewerk.
Av. de las Playas s/n

's Avonds

De uitgaansbuurt in de Avenida de las Playas wordt ieder jaar een beetje groter. U vindt er disco's, bars en cafés, een casino en flamencoshows.
Het Centro Comercial Atlántico is bij jongeren vooral geliefd.
De grote hotels bieden een rustig alternatief programma met dans, folklore en cabaret.

American Harley Rock Diner
Donkere kelder met knettergekke inrichting. Reusachtige vissen staren uit een 20 m lange aquariumwand, ernaast staan een Harley Davidson en een opgekrikte Cadillac uit 1958. 's Avonds wordt er Amerikaans-Mexicaans eten geserveerd, en een band speelt oldies uit de jaren zestig tot tachtig. Af en toe is er een Ladies' Night met stripteasedansers.
Av. de las Playas s/n
Dagelijks open

Tito's Karaoke Palace
Veel ambiance in deze grote karaoke bar met meer dan 2000 liedjes en verschillende podia. Er is air-conditioning en elke avond een happy hour.
Dagelijks geopend
Av. de las Playas

Charlie's oosten ■ f3
Live-music bar op de tweede verdieping van het Centro Atlántico.
Av. de las Playas

Emporium oosten ■ f3
Discotheek waar actuele muziek gedraaid wordt door de beste DJ's.
C.C. Atlantico
Av. de las Playas

Gran Casino ■ d2/e3
Trefpunt voor alle gokverslaafden. Spelautomaten, Amerikaanse roulette en blackjack. Minimumleeftijd: 18. Reispas of identiteitskaart niet vergeten!
Av. de las Playas 12
Dagelijks open

Habana Café oosten ■ f3
Hier wordt salsa, merengue en andere latino-muziek gespeeld. Cubaanse danseressen zorgen voor ambiance en spektakel vanaf middernacht.
In het Centro Atlantico, Av. de las Playas

Waikiki oosten ■ f3
Vast adres in de pub- en discoscène van Puerto del Carmen. Zwoele ritmes tot aan het ochtendgloren, supercocktails.
Av. de las Playas/C.C. Atlántico
Enkel 's avonds open

Nuttige informatie

Inlichtingen
Oficina de Información Turística oosten ■ f3
Hier kunt u terecht voor actuele informatie, een stadsplattegrond en foldertjes.
Het kantoor bevindt zich op de promenade boven Playa Blanca in een wit paviljoen.
Av. de las Playas s/n, Playa Grande
Tel. 9 28 51 33 51
Za en zo gesloten

Autoverhuur
Cabrera Medina
Oficina Principal Barcarola
Av. de las Playas 80
www.cabreramedina.com
Tel. 9 28 51 11 26

Bussen
Het centrale busstation bevindt zich op de Calle Juan Carlos I. Van hieruit vertrekken de bussen richting Arrecife/Costa Teguise (lijn 1 en 2, maandag tot vrijdag om de 20 minuten, zaterdag om het halfuur, zondag elk uur), naar de markt in Teguise (lijn 12, zondagochtend) en naar Playa Blanca (lijn 6, maandag tot vrijdag 12 keer, zaterdag en zondag 6 tot 8 keer per dag).
Op weg naar Arrecife liggen ook andere stranden en om de 500 m is er een bushalte.

Medische hulp

Apotheek oosten ■ f3
Centro Chafari
Av. de las Playas/Calle Palangre
Tel. 9 28 82 53 98

Centro de Salud ■ d2
In dit gezondheidscentrum naast het postkantoor kunnen ook buitenlanders terecht voor behandeling.
Av. Juan Carlos I s/n
Tel. 9 28 51 27 11

Politie
Policía Municipal ■ c2
Av. Juan Carlos I s/n
Tel. 9 28 83 41 01

Guardia Civil ■ c2
Calle Manguía 4
Tel. 9 28 51 03 36

Post ■ d2
Het postkantoor bevindt zich boven het oude dorp, bij de rotonde.
Calle Juan Carlos I/hoek Calle

Manguía
Zo gesloten, verschillende openingstijden

Fietsen

Bike Rental oosten ■ f3
Fietsenverhuur tegen gunstige prijzen:
Av. de las Playas s/n
C.C. Maritimo, local 25

Rancho Texas oosten ■ f3
Een pretpark met roofvogel- en papegaaienshows, rond de middag worden de zeeleeuwen gevoederd.
Er zijn nog meer verrassingen: een lilliput-farm, tochten op pony's en kanovaarten door de canyon.
Meerdere avonden per week worden country- of flamenco-party's georganiseerd.
Calle Noruega s/n (ten noorden van hotel San Antonio)
www.ranchotexaslanzarote.com
Dagelijks open

Bootexcursies ■ b3
De concurrentie tussen zeilschepen en boten met een glazen bodem is groot. Meermaals per week zijn er tochtjes langs de zuidkust. Met de Ocean Cat vaart u naar de populaire Papagayo-stranden. Met wat geluk kunt u zelfs dolfijnen, walvissen en vliegende vissen observeren.
Tickets zijn verkrijgbaar aan boord.
Voor info kunt u terecht in het kantoor:
Tropical Delfin – Ocean Cat
Calle Teide 8

Sportvissen ■ b2/b3
Aan de pier Varadero kunt u uitvaren voor een paar uur.
Uitrusting en aas staan ter beschikking.
Tel. en fax 9 28 51 37 36

Sportcentra

Centro Deportivo Fariones ■ d2
Dit sportcentrum bestaat uit vijf tennisterreinen, een squash court, minigolf, zwembad, whirlpool, sauna en massagestudio.
Er is ook een restaurant, snackbar en speelruimte voor kinderen.
Calle Alegranza 2

Duiken

R.C. Diving Lanzarote ■ oosten f3
De eigenaars organiseren vier keer per dag een geleide duik met kleine groepjes (max. vier personen). Er worden duikplaatsen bezocht voor elk niveau van duikervaring in de visrijke wateren.
Av. de las Playas 38
C.C. Aquarium
www.rcdiving.com

Safari Diving ■ c3
Een duikschool gelegen aan het kleine zandstrand ten westen van hotel Los Fariones. Om 's nachts te duiken wordt geen meerprijs gevraagd.
Playa La Barilla 4
www.safaridiving.com

Bahianus Club Lanzarote

oosten ■ f3

Deze duikclub bevindt zich in hotel La Geria aan de Playa de los Pocillos/Matagorda.
Geïnteresseerden worden afgehaald bij hun hotel.
www.barakudaclub.com

Taxi's

Er zijn taxistandplaatsen aan het kruispunt Reina Sofia/Juan Carlos I, aan het C.C. Atlántico en voor de hotels Fariones en San Antonio.

Minigolf

Av. de las Playas 80 (naast hotel San Antonio)

Uitstappen

Femés ■ B6

Dit fraaie, 450 m hoog gelegen bergdorp ten zuiden van Yaiza kunt u vanuit Puerto del Carmen via Uga bereiken. In het centrum staat de kleine, gerenoveerde kapel **Ermita de San Marcial** (1733). Vanaf het ommuurde kerkplein hebt u een prachtuitzicht op de uitgestrekte Rubicónvlakte en de Atlantische Oceaan.
Het loont beslist de moeite om een kijkje te nemen in de kerk (als de deur tenminste niet gesloten is). Talrijke scheepsmodellen versieren de muren. Het zijn offers van vissers die een noodtoestand op zee hebben overleefd.

Eten en drinken

Casa Emiliano

Het restaurant ligt op de weg naar Las Breñas, dicht bij het Plaza de San Marcial. Lekker geiten- en konijnenvlees.
Femés 34
Gemiddelde prijsklasse

TIP

Museum voor wijnliefhebbers: El Grifo In de oudste bodega van de Canarische Eilanden wordt de kunst van de wijnperserij door de eeuwen heen tentoongesteld. U kunt er een wijnkelder bezichtigen, een antieke pers, apparaten en machines. Een bewegwijzerd wandelpad loopt door het 40 ha grote teeltgebied (15 minuten). Daarna kunt u in de gezellige bar wijn proeven en kopen. De toegangsweg naar het museum kunt u niet missen: César Manrique schiep de originele sculptuur van de mythologische vogel Grifo.
Museo del Vino El Grifo, Ctra. de Masdache 121, Masdache, dagelijks open, www.elgrifo.com ■ C5

La Geria ■ B5/C5

Het wijnteeltgebied tussen Uga en Masdache wordt in tweeën gesneden door een smalle, 12 km lange straat. Tot aan de top van de vulkaankegel is de zwarte lava-aarde met wijntrechters bedekt. Op de achtergrond glanzen de vuurbergen in bonte kleuren. Het dal straalt rust uit. Aan de rand van de weg vindt u een aantal bodega's waar u moscatel of malvasía kunt proeven en kopen.

TOPTEN 1

Als u van Uga komt, kunt u aan de kapel **Nuestra Señora de la Caridad** (Ctra. de la Geria km 19, www.el-chupadero.com) een eerste stop inlassen. In de bodega La Geria en 1 km verder bij Antonio Suárez kunt u wijn proeven. Daar stoppen iedere dag meer dan 30 excursiebussen; het is dus moeilijk om een tijdstip uit te kiezen waarop u zonder duwen of stoten uw wijntje kunt proeven.

Tussen bovengenoemde wijnhuizen komt u op een bewegwijzerde route naar **Bodega El Chupadero** (zo gesloten). De naam klinkt Spaans, maar de eigenaars zijn Duits: Barbara Hendriks en Wim Frank weten wat buitenlandse bezoekers wensen en hoe het te verkopen. Bij de wijn kunt u stevige hapjes bestellen en vanaf het terras hebt u een vrij uitzicht over het dal; en dat alles zonder bustoeristen, rustig, genietend.

Verder op onze weg verandert het landschap. Aan beide kanten van de straat gaapt verbrokkeld vulkaangesteente; lichtgroen mos bedekt de gestolde lava. Slechts op een paar plaatsen werd een piepklein wijnveld in het **Malpaís**, het 'slechte land', aangelegd. Nog voorbij **Masdache** met de bodega Barreto komt u aan het wijngoed **El Grifo** met de oudste en mooiste bodega van Lanzarote (→ Tip blz. 84)!

In de trechtervormige 'wijnkraters' van La Geria wordt een uitstekende druivensoort geteeld. Vooral de droge witte wijn is erg geliefd.

El Golfo

■ A5

Stil vissersdorp aan de westkust, met een klein hotel en een aantal goede restaurants. Als u in de late namiddag komt, kunt u op een van de terrasjes genieten van een heerlijke zonsondergang. Er staan verbazend veel huizen leeg, maar dat zijn vakantiewoningen, die alleen in het weekend worden gebruikt.
Aan de rand van het dorp, vlak bij El Abuelo, ligt een groot (onbewaakt) parkeerterrein. Van hieruit is het slechts vijf minuten wandelen tot een uitkijkplatform met een panorama over een fantastische, smaragdgroene lagune (**Lago Verde**). Deze sikkelvormige lagune wordt ondergronds gevoed met water van de zee. Links ervan ziet u een basaltwand van okerkleurig, versplinterd gesteente – een overblijfsel van een reusachtige krater, die grotendeels door de zee is verslonden.

TOPTEN 2

Als u de weg naar **Salinas de Janubio** neemt, kunt u via een parkeerterrein aan de rechterkant de lagune bereiken en de betoverende kleurenpracht vanuit een nieuw perspectief bewonderen. Een totaal ander beeld krijgt u verder zuidwaarts, langs de kuststrook **Los Hervideros**. Hier heeft de wilde zee spleten en gaten in de rotsen gekerfd en steile klippen, tunnels en bruggen gevormd. Witte schuimkoppen stromen op zwarte lava, alles dondert en bruist...

Hotel

El Hotelito del Golfo
Rustiek ingerichte kamers, waarvan sommige met eigen terras. Uitzicht op de tuin met zwembad en de zee. Het ontbijt wordt in het eigen restaurant geserveerd. Op de menukaart staan onder andere zeevruchten à la carte, vis en mosselen als specialiteit.
Av. Marítima s/n
9 kamers
Gemiddelde prijsklasse

De kleurenpracht van de lagune van El Golfo is een van de hoogtepunten van Lanzarote.

Eten en drinken

Casa Torano
Eenvoudig visrestaurant aan het noordeinde van de promenade, met een klein terras aan zee.
De chef bedient zijn gasten zelf. Naast verse vis staan op de menukaart ook paella en de beroemde **papas arrugadas con mojo**.
Av. Marítima 36
Ma gesloten
Gemiddelde prijsklasse

Lago Verde
Verse vis met mojo en sla. Wanneer de zon 's avonds in de zee zakt, is het hier prachtig zitten.
Av. Marítima 46
Dagelijks open
Gemiddelde prijsklasse

Mancha Blanca ■ C4

Dit oude dorp, ten noordoosten van het nationaal park, is als door een wonder gespaard gebleven van de grote vulkaanuitbarstingen van de 18de en 19de eeuw.
De constante angst onder de lava bedolven te worden, heeft voor een intense religiositeit gezorgd, die tot uitdrukking komt in de verering van de 'Zwarte Madonna'. Deze heeft, naar verluidt, de machtige lavastromen met haar mantel tegengehouden en zo het dorp gered van een catastrofe.
Als dank richtten de bewoners de **Ermita de Nuestra Señora de los Dolores** op. Het witgekalkte kerkje ligt in het oosten aan de weg naar Tiagua en trekt elk jaar op 15 september pelgrims aan van het hele eiland. Na de processie wordt er een groot feest gevierd met Lanzarotewijn en folklore.

Verse bloemen voor de 'Zwarte Madonna' in de witte kapel: Mancha Blanca

Mozaga ■ D4/D5

Wijndorp bijna in het midden van het eiland. Bij het kruispunt ten zuiden van het dorp staat het 15 m hoge **Monumento al Campesino**, een monument (1968) van César Manrique ter ere van de landbouwers. Voor veel boeren had de kubistische structuur van witgekalkte watervaten totaal geen betekenis. Het monument was behoorlijk omstreden. Intussen zijn de gemoederen wat bedaard, maar de meningen verschillen nog steeds. Sommigen menen een boer te herkennen met ezel en dromedaris, anderen zien in het werk een symbool voor vruchtbaarheid en menselijke kracht, die de barre natuur overwint.
Naast het monument ligt het eveneens stralend witte **Casa Museo del Campesino** met groene vensters en oriëntaalse torentjes. Het 'huis van

de boer' is als geen ander representatief voor de originele landarchitectuur van Lanzarote. In ateliers wordt traditioneel kunsthandwerk gemaakt, in het restaurant kunt u 's middags de beste Canarische kost eten. De specialiteit van het huis is gedroogde vis met zoete aardappelen (**sancocho**), stoofpotje (**potaje**) en zoete deegtasjes met pompoenstukjes (**truchas**). Ruime keuze aan Lanzarotewijnen.
Dagelijks open

Hotel

Finca de la Florida
Aardig landhotel 2 km ten westen van Mozaga aan de weg naar Uga. De oude, mooi gerenoveerde finca ligt midden in een wijnbouwgebied. De kamers zijn comfortabel ingericht, vooral kamer 22 is bijzonder mooi met prachtig uitzicht vanaf het terras. Mountainbikes, minigolf en tafeltennis zijn in de prijs inbegrepen. Sauna, tennis en paardrijden tegen betaling.
El Islote 90
16 kamers
Luxeklasse

Eten en drinken

Caserío de Mozaga
Een geslaagde mix tussen oud en modern: tegen het 'casa de la camella' (huis van de kameel) is een glazen gebouw gebouwd, dat het zicht opent op de hemel en de velden. De meubels, kroonluchters en het behang doen denken aan de 19de eeuw. Er wordt uitstekende Spaanse keuken geserveerd. Heel lekker zijn bijvoorbeeld de meloensoep, eendenbout met kweeperensaus en de walnotentaart.
Calle Mozaga 8
Dagelijks open
Gemiddelde prijsklasse

Parque Nacional de Timanfaya

■ C4/A5

Gigantisch kratergebergte in het zuidwesten van het eiland. Ieder jaar komen meer dan 1,5 miljoen bezoekers hiernaartoe, om tijdens een busrit van een halfuur een kleine indruk te krijgen van de oerkrachten van de aarde.

TOPTEN 4

Montañas del Fuego (vuurbergen), zo heet het bizarre maanlandschap met zijn 25 kraters en meer dan 100 vulkaankegels in de meest uiteenlopende, meestal donkere, roestrode kleuren. Dit was ooit het vruchtbaarste gebied van het eiland, tot het in 1730 tot 1736 onder de vloeibare lava bedolven werd. Elf dorpen werden onder een dikke lavalaag begraven, het gloeiende magma stroomde verder tot aan de kust.
Op 9 augustus 1974 werden de vuurbergen tot nationaal park verklaard.
De vuurduivel met drietand, een creatie van Manrique, begroet de bezoekers al van ver. De ingang bevindt zich halverwege tussen Yaiza en Mancha Blanca.
Voorbij de slagboom, waar (zoals op Lanzarote gebruikelijk is) afgerekend wordt, rijdt u 2 km op een smalle asfaltweg naar het plateau **Islote de Hilario** met parkeerterrein, restaurant en winkel. Daar wordt gedemonstreerd hoe heet de bodem is waarop u staat: in een metersdiep gat wordt water geschept, dat onmiddellijk door een geweldige, geiserachtige fontein de hoogte in wordt gespoten. Een tweede demonstratie: een takje vat vlam zodra het in het gat wordt geworpen – al op 6 m diepte heerst een temperatuur van 400°C!
Na de demonstraties leert u een deel van de 14 km lange vulkaan-

route kennen die in 1950 werd aangelegd, naar aanleiding van een bezoek van generaal Franco. De bus rijdt traag door holle wegen van gestolde lava, die hier en daar als druppels naar beneden hangt. Onderweg krijgt u op band de chroniek van de pastoor uit Yaiza te horen, met dramatische muziek op de achtergrond: eerst Beethoven, dan 'Zarathustra' van Strauss. Door de 'vuurkloof' komt u aan het 'dal van de rust'. Aan de fuego (Timanfaya) hebt u een mooi uitzicht over de 'verbrande kraters'. Het eindpunt is weer het plateau, dat genoemd is naar een kluizenaar die hier 50 jaar met zijn kameel geleefd heeft. Volgens de legende plantte Hilario een vijgenboom, die er daadwerkelijk in slaagde wortels te maken. 'Maar hij droeg nooit vruchten, want zijn bloesems konden zich niet voeden met vlammen.'

Wie trek heeft in een vulkaanmaal en niet afgeschrikt wordt door de drukte, bezoekt het ronde, door Manrique ontworpen restaurant **El Diablo** ('de duivel'). Omwille van de hoge temperatuur van de aarde is het alleen van steen en metaal gebouwd. Door de panoramavensters hebt u een heerlijk uitzicht. De koks maken goed gebruik van de warmte van de aarde: zonder hulpmiddelen, zelfs zonder lucifers, slagen zij erin vlees te grillen op een rooster boven een bronachtig gat.
Dagelijks open

Naast de bustour door het nationaal park is er ook een **kameelsafari**. Bij het parkeerterrein Echadero de los Camellos bevindt zich het zogenaamde 'dromedarisstation'. Hier wachten meer dan 200 dieren om toeristen 20 minuten lang door het vulkaanlandschap te schommelen.
Ctra. Yaiza-Tinajo, km 5

Knaleffecten zijn in de toegangsprijs inbegrepen. In het nationaal park Timanfaya wordt koud water onmiddellijk een hete damp...

In het **bezoekerscentrum** van het nationaal park aan de weg naar Mancha Blanca wordt u op visuele wijze vertrouwd gemaakt met het vulkanisme. Borden en modellen illustreren hoe uitbarstingen ontstaan.
Zeker de moeite waard is de film over de vuurbergen die ook de plaatsen toont die u tijdens de bustour niet te zien krijgt.
Museo del Visitante
Ctra. Yaiza-Tinajo, km 11,5
Mancha Blanca
Dagelijks open

Playa Quemada ■ B6

Dit afgelegen kustplaatsje kunt u bereiken via een zijweggetje van de Carretera Yaiza-Mácher bij km 17,5. Playa Quemada, 'het verbrande strand', bestaat uit een handvol vissershuisjes, die zich om een stenige baai scharen. Eromheen duiken steeds meer vakantiewoningen op. Voor de individuele toerist zijn er privé-appartementen, die via de twee dorpsrestaurants gereserveerd kunnen worden.

Playa de la Arena, een zwart zandstrand ten zuiden van het dorp, is een goede badplaats. Het strand is bij eb rechtstreeks bereikbaar, bij vloed via een omweg over het land. Op het strand begint de wandelroute die naar Femés omhoogloopt.

Eten en drinken

Salmarina
Uitstekend restaurant aan de zee. Zeker niet duur, vooral niet voor de kwaliteit die men u biedt. Maritieme sfeer en een onberispelijke service. Aanbevelenswaardig: vis, garnalen met knoflook, geitenkaas en karamelflan.
Av Marítima 13
Dagelijks open
Gemiddelde prijsklasse

Puerto Calero ■ C6

Puerto Calero is de grootste jachthaven van Lanzarote en telt ongeveer 400 ankerplaatsen. Aan de autovrije, door palmen omzoomde promenade rijgen zich blauw-witte huizen met terras aan elkaar. Het water is zo helder, dat u de **lisas** (harders) met tientallen kunt zien zwemmen.

Puerto Calero probeert toeristen aan te trekken met het walvismuseum en een kunstgalerie, alsook door het ruime aanbod aan watersport- en ontspanningsmogelijkheden. U kunt in Puerto Calero onder andere duiken, sportvissen en excursies maken met onderwater- en zeilboten.

Met de onderzeeër kunt u een **Submarine Safari** maken. Op zo'n 30 m diepte kunt u de unieke onderwaterwereld van Lanzarote ontdekken.

De tocht met de **zeilcatamaran**, die elke ochtend naar de Playas de Papagayo vaart, is ook erg geliefd. Daar gaat de boot 50 m voor de kust voor anker en hebt u drie uur de tijd om lekker te genieten van zwemmen en duiken.

Een 'schaakbord' dat, afhankelijk van de lichtinval, in violette, bruine of blauwe schakeringen oplicht: de Salinas de Janubio zijn indrukwekkend om naar te kijken.

Museum

Walvismuseum
Als u naar de haven gaat, staat u links oog in oog met het originele skelet van een reusachtige walvis. Het skelet wijst de weg naar het museum, waar reproducties van 20 soorten walvissen te bewonderen zijn door o.a. video's en geluidsfragmenten.
Ed. Antiguo Varadero
Eerste do van de maand gesloten

Punta del Papagayo

B6

TOPTEN 3

Het zuidelijkste punt van Lanzarote, 5 km ten zuidoosten van Playa Blanca, kunt u alleen via hobbelige wegen bereiken. Lavastromen die duizenden jaren geleden in de zee stroomden, hebben de kust ingedeeld in kleine baaien, die bekendstaan als de mooiste van Lanzarote.
Het witte, vlak aflopende zand doet het water turkoois schitteren, net als in de Stille Zuidzee. Meters diep kunt u duidelijk de zeebodem zien, en de scholen vissen die voorbijflitsen.
Ten westen van de Punta liggen de stranden **Playa Mujeres, Playa de Pozo en Playa de Papagayo.** Ten oosten liggen de Caleta del Congrío en de Playa de Puerto Muelas. Ideaal om te zwemmen en te duiken, ook bij kampeerders en naturisten erg geliefd!
Tijdens de zomermaanden worden de stranden druk bezocht door Spaanse gezinnen, die met tent, kampeerauto en jeep komen om hier hun vakantie door te brengen. Ter bescherming van het gebied heeft de regering een 'inkomtaks voor auto's' ingevoerd.

In de buurt van Papagayo werden ruïnes van een van de oudste vestingen van de archipel ontdekt. **San Marcial del Rubicón** is gebouwd in 1402, na de verovering door de troepen van Jean de Béthencourt, en werd twee jaar later door de paus persoonlijk uitgeroepen tot de eerste overzeese stad van Europa. Maar de stad verloor al snel aan betekenis, omdat alle belangrijke geestelijke en wereldlijke ambten zich in Teguise concentreerden.
Nu resten er van San Marcial alleen nog een paar ruïnes boven het strand.
Dichtbij leiden stenen platforms naar ondergrondse ruimtes, die met oud-Canarische tekeningen versierd zijn.
Er zijn plannen om de oude vesting te restaureren.

Salinas de Janubio

A5/B5

Uitgestrekte zoutvelden in een lagune aan de weg Playa Blanca-Yaiza. Van ver lichten de zoutpannen als een groot kunstwerk op in het zonlicht.
Het zout wordt nu nog steeds gewonnen zoals honderden jaren geleden. Met windenergie wordt het zeewater in de hogergelegen bekkens gepompt, waar het langzaam verdampt. Wanneer het een zoutgehalte van 22% heeft bereikt, wordt het verder geleid in de 1 m^2 grote salines, waar het zout langzaam uitkristalliseert. Ten slotte wordt het op kleine, kegelvormige hoopjes geharkt, ingeladen en transporteerd. Nu wordt er per jaar nog maar 2000 ton van het 'witte goud' gewonnen. Door de goedkope industriële productie is het natuurlijke zout niet meer in staat om te concurreren.

Alleen fijnproevers zijn nog bereid een meerprijs te betalen. Omdat het niet wordt verhit, blijven er sporen van calcium- en magnesiumchloride aanwezig die een wat bittere smaak geven. Bovendien zijn er nog nauwelijks arbeiders die aan de zoutoogst willen meewerken. De generatie van hun voorouders heeft namelijk een hoge tol moeten betalen voor het zwoegen in de salines: door een gebrek aan degelijke uitrusting beet het zout in de huid van de blootsvoets werkende mannen, en het reflecterende zonlicht in het witte zout veroorzaakte oogziektes.

San Bartolomé ■ D5

Kruispunt van belangrijke straten, 7 km ten noordwesten van Arrecife. Vanwege de lekkere, zoete **batatas** werd het 6000 inwoners tellende dorp ooit 'aardappelendorp' genoemd. Tegenwoordig leven de meeste inwoners van het toerisme. Het Plaza León y Castillo met kerk, stadhuis en fontein is een bezoekje waard. In het cultureel centrum **Casa Ajei**, een herenhuis onder monumentenzorg, vinden concerten van plaatselijke folkloregroepen plaats. En wanneer Rosana Arbelo, de in San Bartolomé geboren en intussen in heel Europa bekende zangeres, wordt aangekondigd, stroomt het hele dorp samen (General Franco s/n).
Op de weg naar Tahiche bevindt zich de archeologische vindplaats **Zonzamas** – of beter gezegd, wat ervan overblijft. De in de grond geboorde rotondes zijn met archaïsche rotstekeningen versierd en belangrijke vondsten werden overgebracht naar het Castillo de San Gabriel van Arrecife. In Zonzamas resideerde Guadarfía, de laatste oud-Canarische koning van Lanzarote. Na zijn capitulatie werd hem de christelijke naam Luis opgedrongen en kreeg hij het gehucht als privé-bezit.

La Santa ■ C4

Een bij jonge mensen geliefd, traditioneel vissersdorp ten noordoosten van het nationaal park Timanfaya. Aan de pier liggen

TIP

Herenboerderij van lang geleden: Museo Agrícola El Patio
In de grote hoeve uit de 19de eeuw wordt gedemonstreerd hoe de boeren van Lanzarote uit de arme vulkaanaarde hun levensonderhoud putten. Er worden windmolens tentoongesteld en molens die door de trekkracht van dromedarissen in werking werden gesteld, evenals oude gebruiksvoorwerpen. In een oud atelier kunt u op de hoeve gemaakte wijn proeven (inbegrepen in de toegangsprijs). De foto's aan de muur geven een indruk van lang vervlogen tijden, van het landelijke leven van vóór het toerisme. Calle Echeyde, Tiagua, 18, zo gesloten ■ C4

vissersboten voor anker, en overal lopen honden. In het noorden kijkt u over de lagunes uit op het sportcomplex La Santa, een typisch voorbeeld van 'vulgaire architectuur' (Manrique).
Maar professionele sporters en veel jonge vakantiegangers vinden het complex toch meer dan de moeite waard. Twee dozijn leraren zorgen voor de gasten, er worden 25 sporten aangeboden, van tennis en squash via basket- en volleybal tot stretching en aerobic. In een zwembad met olympische afmetingen kunt u trainen en in het stadion (bijna) alle disciplines van tienkamp uitproberen. Er staan bovendien meer dan 100 fietsen voor excursies ter beschikking, van racefiets tot mountainbike.
Hoge golven trekken windsurfers aan. IJverige surfscholen wachten in de lagune op geïnteresseerde beginners.

Logies

Club La Santa ■ C3/C4
Een afgesloten complex, in de letterlijke betekenis van het woord. Wie hier niet logeert, wordt door de beveiliging alleen in uitzonderlijke gevallen binnengelaten. De meeste gasten hebben in hun thuisland al geboekt. Alle sportfaciliteiten zijn inbegrepen in de prijs, alleen voor individuele duiken moet er extra betaald worden.
In juni is het vaak moeilijk om een kamer te bemachtigen. Dan logeren hier bijna alle atleten van de jaarlijkse triatlonwedstrijd, beter bekend als 'Ironman Lanzarote Canarias'.
Av. Krogager s/n
397 appartementen
Hoge prijsklasse

Sóo ■ D4

Afrikaans dorp, halfweg tussen Tiagua en La Caleta de Famara, gesticht door Moorse slaven in de 16de eeuw.
Het kerkje **Ermita de San Juan** met koepeldak en minaretachtige klokkentoren maakt hun aanwezigheid nog altijd voelbaar. Fans van Manrique maken een grote boog om dit dorp heen en klagen over de chaotische bouwwijze en het gebrek aan bezienswaardigheden.
Sóo ligt aan de rand van de zandduinen van El Jable, waar de beste honing- en watermeloenen van de Canarische Eilanden groeien.

Tiagua ■ C4

Mooi en rustig boerendorp tussen Mozaga en Tinajo. Er is geen bar en ook geen restaurant, maar wel een franciscanenkerkje uit de 16de eeuw, de **Ermita de Nuestra Señora del Socorro**, en een prachtig openluchtmuseum (→ Tip blz. 92). De vele molens getuigen van de vroegere tarweteelt.

Tinajo ■ C4

Deze gemeente met 3000 inwoners ligt halfweg tussen Mancha Blanca en La Santa. Er is een mooi plein met drakenbomen, een kerk en bars.
De **Iglesia San Roque** werd aan het einde van de 18de eeuw gebouwd, met een dak in mudejarstijl en een zonnewijzer uit 1881. In het zuiden loopt een route richting kust die na 12 km uitkomt op het lavastrand Playa de la Madera.

Uga ■ B5

Dromerig dorp 13 km ten noordoosten van Playa Blanca met witte, door palmen omringde huizen. Klassieke bezienswaardigheden vindt u hier niet. Uga is bekend om zijn sterke worstelaars en uitstekende folkloremuzikanten.
Er wonen ook veel kameeldrijvers in Uga. In de vroege namiddag trekt een karavaan van 200 dromedarissen door de straten. Ze komen terug van het nationaal park, waar ze 's ochtends vroeg naartoe zijn gegaan. Hun thuis is een boerderij aan de hoofdstraat.
Uga is ook interessant vanwege de zalmrokerij aan de weg naar Yaiza (km 19,9), die in de jaren zeventig door twee ondernemende buitenlanders is opgericht en al snel bekend werd op het hele eiland. Intussen zet een Canarisch echtpaar het werk voort. Ze hebben de knepen van het vak geleerd van hun voorgangers (**Ahumadería**, zo-ma gesloten).
Slechts 400 m verder ligt een gezellige **bodega**, jammer genoeg zonder prijslijst, maar met hoge rekeningen.

Yaiza ■ B5

Chic dorp met 800 inwoners aan de zuidrand van de vuurbergen.
Een boulevard met palmen en oleanders in felle kleuren loopt naar het dorp en zorgt voor esthetisch genot.
Al twee keer werd Yaiza als 'mooiste Spaanse dorp' uitgeroepen. Ieder huis is sneeuwwit, er is nergens een scheurtje in de muur of een kruimel op de grond. Zelfs de vuilnisemmers zijn mooi om te zien: gevlochten manden in een gebogen ijzeren standaard die ijverig leeg worden gemaakt.
Yaiza staat voor orde in een chaotische wereld, de wens om tegenover de dodelijke natuur de menselijke perfectie te stellen. Verschillende keren dreigden gloeiende lavastromen het dorp te begraven en dwongen de inwoners te vluchten. Maar alleen de omliggende gemeenten werden getroffen en de inwoners van Yaiza kwamen er steeds met de schrik van af.
Op het langwerpige dorpsplein kunt u de 18de-eeuwse kerk met klokkentoren, **Nuestra Señora de los Remedios**, bewonderen. Er valt slechts weinig licht door de gekleurde kerkramen, zodat het altaar een blauwige schijn heeft.

Het Casa de la Cultura in het prentenboekendorp Yaiza is een prachtig voorbeeld van de weelderige Canarisch-Andalusische architectuur.

Aan de andere kant van het plein bevindt zich het **Casa de la Cultura**, waar hedendaagse Canarische kunst tentoongesteld wordt (Plaza de los Remedios 1, za-zo gesloten). Aan het plein vindt u ook restaurants, galeries, souvenirwinkels en een bar zonder naam (nr. 7), waar bijna uitsluitend inheemse mensen zitten.

Als u de straat nog een stukje verder volgt, komt u aan **Galería Yaiza**, waar schilderijen van Tayó en andere hedendaagse kunstenaars tentoongesteld en verkocht worden (zondag gesloten).

Logies

Finca de las Salinas
Comfortabel logies aan de noordrand van Yaiza. Het in Moorse stijl gebouwde herenhuis uit de 18de eeuw werd omgetoverd tot een klein hotel. In het hoofdgebouw bevinden zich twee kamers en twee suites met een mooi terras. De overige kamers liggen in het huis ernaast, de voormalige stal. Alle kamers zijn rustiek, gedeeltelijk met antieke meubels. In het complex vindt u een sauna, jacuzzi, tennisbaan, fitnessruimte en een tuin met zwembad.
Calle La Cuesta 17
19 kamers
Luxeklasse

Eten en drinken

La Bodega Santiago
De naamloze bar op het hoofdplein van Yaiza kreeg opvolging. Aan de weg naar de vuurbergen openden Santiago's kinderen een bodega. Ze serveren er gerechten 'al estilo de Santiago', zoals roerei met gerookte zalm uit Uga, baarsstukjes met groenten en huisbereide taarten.
Calle García Escámez 23

In het restaurant La Era wordt pure romantiek geserveerd: allen daarheen!

Zo en ma gesloten
Gemiddelde prijsklasse

La Era
Schilderachtige finca uit de 17de eeuw, 500 m ten zuiden van het dorpsplein. César Manrique heeft er een landelijk restaurant van gemaakt. Prachtige omgeving en decor. Het restaurant opende na een lange sluiting in 2011 opnieuw zijn deuren onder nieuw management. De gerechten halen niet meer het niveau waarvoor het restaurant ooit zo bekend was, maar ze staan wel in verhouding tot de redelijke prijzen. Er is een zitgedeelte op de binnenplaats waar gasten na het diner nog even kunnen nagenieten. Het personeel is uitgedost in traditionele Canarische klederdracht.
Calle El Barranco 3
Hoge prijsklasse

Zee-impressies

Via een lagune naar klippen met woeste golven en de witte Papagayo-stranden. Vanaf de promenade in Playa Blanca hebt u een uitzicht op de duinen van Fuerteventura.

Yaiza: wit dorp in een donker landschap

Vanuit **Puerto del Carmen** rijdt u via Mácher naar het westen. De weg doorkruist een weidse vlakte, op de achtergrond ziet u de majestueuze kegel van het Atalaya de Femés. Er buigen verschillende zijstraatjes af naar de kust: na 4 km bent u al in de mondaine jachthaven Puerto Calero; het zwarte, ietwat dromerige strand Playa Quemada is ongeveer even ver. Als u de hoofdweg blijft volgen, rijdt u door **Uga**, een stil dorpje, bekend door zijn dromedarissen. **Yaiza** is een langere pauze waard. Het nette dorpje nodigt uit tot een wandeling over het plein en door de schoongepoetste straten. Na een bezoek aan de kerk kunt u in de bodega La Era (open vanaf 's middags) een glas wijn van het huis proberen.

Spectaculair uitzicht

Het sikkelvormige meer van El Golfo wordt door insijpelend zeewater behoed voor uitdroging.

Aan het kruispunt achter Yaiza volgt u de weg naar El Golfo. Aan beide kanten van de straat ziet u zwarte, verbrijzelde lava en kale, rood schitterende vulkanen. Bij de volgende splitsing houdt u rechts aan, en al snel bereikt u het dorp **El Golfo**, bekend om zijn goede visrestaurants. Op het parkeerterrein aan de rand van het dorp leidt een weg naar het uitzichtpunt, dat u een fantastisch panorama biedt over de baai en smaragdgroene lagune. Rijd terug naar de splitsing en houd rechts aan. Na 2 km komt u nog dichter bij het kratermeer.

De straat loopt nu ten zuiden van El Golfo, dicht langs de rotsige kust **Los Hervideros**. De zee heeft grotten uit de rotsen gevreten, en de golven slaan hier wild om zich heen. Iets verder volgt een brede baai: de tegels, waar tot voor kort zout (het 'witte goud') werd gewonnen, vormen net een schaakbord. Vanaf het balkon van restaurant Mirador hebt u een prachtig uitzicht op de **salines**. Vervolgens buigt de landweg weer naar het zuiden en loopt parallel met de nieuwe autosnelweg naar het vakantieoord Playa Blanca. Op de promenade kunt u weer even pauzeren in een van de vele cafés.

Door de crisis in de visserij is er steeds minder vraag naar zout. Vroeger werd de gezouten vis uit Lanzarote zelfs naar Zuid-Amerika geëxporteerd.

Uitstap naar de droomstranden van Lanzarote

Aan het kruispunt in het noorden van het dorp kunt u de wegwijzers naar de **Papagayostranden** volgen. Na 5 km komt u aan een hefboom, waar u moet betalen. Met dit geld moeten, officieel gezien, de routes naar de Punta geasfalteerd worden. Drie kilometer verder bereikt u een parkeerterrein, vanwaar u naar het strand beneden kunt wandelen.
Op de terugweg moet u beslist even stoppen in het dorp **Femés**. Vanaf het kerkplein hebt u een indrukwekkend uitzicht op de Rubicónvlakte en aan de horizon kunt u de eilanden Lobos en Fuerteventura bespeuren!

De spectaculaire Papagayostranden konden hun oorspronkelijke karakter bijna helemaal bewaren, dankzij geëngageerde milieubeschermers.

Afstand: ongeveer 80 km
Duur: een dag
Kaart: vooraan

De bruisende schuimkoppen in de grotten van Los Hervideros zijn een heel bijzonder – en behoorlijk nat – natuurspektakel.

Via de vuurbergen naar de wijnstreek

In het nationaal park kunt u het gestolde natuurgeweld ontdekken. In het wijnbouwgebied hebben de mensen het echter heel esthetisch aan banden gelegd.

Yaiza is een klassiek voorbeeld van inheemse architectuur.

Het fascinerende 'maanlandschap' van Lanzarote werd met geweld gevormd door de eruptieve krachten van de aarde.

Bij **Yaiza** volgt u het bord richting vuurbergen (**Montañas del Fuego**). Gedurende 14 km rijdt u door het nationaal park en wordt u omringd door een bizar vulkaanlandschap. Het is nauwelijks te geloven dat dit ooit de 'voorraadkamer van Lanzarote' was! Wandelen is in het park verboden, maar u kunt een ritje maken op een dromedaris of via een klein weggetje naar restaurant El Diablo rijden; hier kunt u een bus nemen tot in het 'hart van de duisternis'. Vervolgens krijgt u in het bezoekerscentrum vlak voor Mancha Blanca uitleg over wat er precies is gebeurd.
Wenst u in zo'n landschap misschien uw vakantie door te brengen? Voor gerestaureerde, comfortabele boerenwoningen kunt u terecht bij gespecia-

liseerde agentschappen in La Vegueta, Tao en La Geria – al deze plaatsen doorkruist u op deze tocht. In **Tiagua** kunt u het openluchtmuseum El Patio bezichtigen, in **Mozaga** het **Casa Museo del Campesino** en het omstreden monument van Manrique (**Monumento al Campesino**), dat ter ere van de hard werkende landbouwers ('campesinos') werd geschapen. Maar dezen konden zich geenszins herkennen in het abstracte beeld. Mozaga is ook het vertrekpunt voor de **bodegatour**, die in La Geria, het centrum van de wijnbouw, eindigt. U kunt eerst lekker proeven in het wijnmuseum van Masdache (**Museo del Vino El Grifo**), dan bij Barreto, Testeyna, Antonio Suárez, El Chupadero en La Geria – zes bekoringen op een strook van 10 kilometer! In Uga is het afgelopen met de wijnpret, en het is nog 12 km tot in Puerto del Carmen – hopelijk houdt de politie nu net geen alcoholcontrole!

Let in Tiagua ook op de twee nog intacte, witte windmolens!

Afstand: ongeveer 65 km (vanaf Puerto del Carmen)
Duur: een dag
Kaart: vooraan

Is het gewoon maar spelen met vuur, of eerder een dans op de vulkaan? Een bezoek aan het nationaal park geeft fascinerende antwoorden.

Uitstap naar het noorden

Via Teguise naar de ondergrondse labyrinten van Manrique. U rijdt door het dal der duizend palmen en geniet van adembenemende panorama's.

Manrique bouwde zijn huis op de lavastroom en in vijf vulkaanbellen. De kamers in de grotten zijn bijzonder charmant.

De tocht start in **Costa Teguise** en gaat in westelijke richting, langs het golfterrein naar **Tahiche**. In het gehucht **Taro** kunt u het vroegere woonhuis van César Manrique bezichtigen. De tentoongestelde kunstverzameling bevat werken van Picasso en Miró. In **Nazaret** moet u beslist een kijkje nemen in de witte, Arabische vesting, waar acteur Omar Sharif lange tijd heeft gewoond. Nu draagt het de naam **LagOmar** en herbergt het een charmant café-restaurant.

Kunsthandwerkmarkt in Teguise

Aan de voet van de vulkaanberg Guanapay ligt de middeleeuwse stad **Teguise**, waar 's zondags de beroemde markt wordt gehouden. Voor kenners is Teguise de mooiste stad van de Canarische Eilanden. Als u de schilderachtige steegjes voor u alleen wilt hebben, moet u op een werkdag hierheen komen. De rustigste dag is maandag, wanneer de meeste restaurants en winkels gesloten zijn.

De Famarabaai is voor windsurfers het paradijs, maar niet zonder gevaar. Nog geen enkele surfer heeft ooit het eiland aan de overkant bereikt.

Als u vroeg bent vertrokken, kunt u **La Caleta de Famara** aan de westkust nog bezoeken. Hier ziet Lanzarote er helemaal anders uit: fascinerend ruig en stoffig met een heerlijk strand, dat is blootgesteld aan een sterke stroming! Het bergmassief helt bijna loodrecht af naar de zee en zorgt voor een ideaal oefenterrein voor deltavliegers. Het Famaragebergte zal u ook begeleiden op uw weg van Teguise naar de noordpunt. Een aantrekkelijke bergketen loopt parallel met de kust en iets achter Los Valles rijdt u langs het grootste windmolenpark van de Canarische

Eilanden. Bij **Mirador de los Valles** kunt u een eerste keer uw camera te voorschijn halen. Nog beter is het uitzicht vanaf het plateau bij de **Ermita de las Nieves**, te bereiken via een zijstraat links. De bedevaartskapel van de heilige sneeuwmaagd kan alleen vóór en na een eucharistieviering worden bezocht (afspraak via toeristische dienst).

Opgelet: op het uitzichtpunt van de Ermita de las Nieves bent u blootgesteld aan ruwe passaatwinden!

Een glimp van Afrika

Op weg naar het dal der duizend palmen komt u door **Haría**, een dorp met mooie pleinen en herenhuizen, en de flair van een Afrikaanse oase. De lucht is er kruidig, het ruikt er naar acacia's en hibiscus. Vijf kilometer verder noordwaarts is er een attractie voor kinderen: het **Guinate Park** (vogelpark Guinate) kunt u bereiken via een weggetje dat doodloopt bij een uitzichtpunt, dat bijna even mooi is als dat van **Mirador del Río**, de volgende bestemming. U kijkt uit over de twee kilometer brede zee-engte van El Río, die Lanzarote van het eiland La Graciosa scheidt. In de verte kunt u de eilanden Alegranza en Montaña Clara zien.
Het pronkstuk van het dorp **Yé** is het kasteel Torrecilla de Dominga, dat jammer genoeg niet toegankelijk is voor bezoekers. In de 200 jaar

Het dorpsplein van Haría is een van de mooiste van het eiland.

TOPTEN 5

De Mirador de los Valles biedt u een prachtig panorama over het dal met zijn verzorgde terrassen.

De vele bars en restaurants aan de haven van Órzola lokken de dagtoeristen met 'Canarische specialiteiten'.

oude bodega Herederos kunt u een glaasje wijn proeven. Het havenstadje **Órzola** verbindt Lanzarote met het buureiland La Graciosa. Van hieruit gaat het verder, door een met lava bedekte woestenij, het Malpaís de la Corona.

Adembenemend: de vulkaangrotten van Manrique

Het hoogtepunt van dit uitstapje is het bezoek aan de 'cultusoorden' van César Manrique: de **Cueva de los Verdes** en de **Jameos del Agua**. Daarna kunt u op een terrasje in Arrieta genieten van verse vis. Aan de rand van Mala kunt u links de weg naar Charco del Palo volgen, een afgelegen plaats met bijna uitsluitend naturisten. Van daaruit gaat het via een hobbelige weg terug naar de hoofdstraat, die u in Guatiza (km 15) bereikt. Daar wacht u een laatste verrassing. In de **Jardín de Cactus** kunt u duizenden cactussen bezichtigen. Ze zijn afkomstig uit de Canarische archipel, Mexico en Venezuela, Madagascar en Indië. Tot Costa Teguise is het nog maar 11 km.

TOPTEN 9

Het laatste werk van de kunstenaar César Manrique was de Jardín de Cactus – een 'galerie in de openlucht' noemde hij de tuin.

Afstand: ongeveer 80 km (zonder omwegen)
Duur: een dag
Kaart: vooraan

Van Mirador del Río naar Playa del Risco

Een spectaculair pad over de klippen daalt naar de kust af. Het betoverende uitzicht op de zee en de rotseilanden doet u alle vermoeidheid vergeten.

De wandeling begint op het parkeerterrein, 2,4 km ten zuidwesten van Mirador del Río aan de weg naar Las Rositas. Via een met stenen geplaveid pad met een zijmuurtje gaat het naar beneden. Na een paar minuten wordt het pad smaller en kronkelt het ontelbare keren de lavahelling af. Hier hebt u een prachtig uitzicht. Bij goed weer duikt het eiland La Graciosa als een fata morgana op uit de Atlantische Oceaan. Na zo'n 45 minuten wandelen bereikt u **Playa del Risco**, een heerlijk, wit zandstrand van 700 m lang. Toen er in Órzola nog geen haven was, legden de boten uit La Graciosa hier aan.

De Mirador del Río was het eerste bouwwerk van de kunstenaar César Manrique.

Kleurenspel zonder weerga

Hoewel ze allang braakliggen, kristalliseert er nog altijd zout op de stenige muren – maar er is niemand die het oogst.
Als u nog energie hebt, kunt u een stuk verder wandelen en een bezoek brengen aan de rood glinsterende Salinas del Río. De oudste zoutvelden van Lanzarote liggen ten noorden van Playa del Risco (nog 20 minuten wandelen).

Afstand: 5 km
Alternatief: van Playa del Risco loopt een eenzame weg langs de kust tot in La Caleta de Famara (6 uur)
Duur: 3 uur (heen en terug)
Kaart: vooraan

Naar het eiland La Graciosa

Het kleine eiland in het noorden heet 'de bekoorlijke': een beschermd natuurgebied met witte stranden, metershoge duinen en veel zeevogels.

TOPTEN 8

De afvaart is voorzien om 10 uur in Órzola, maar alleen bij kalme zee wordt het anker gelicht. Aan Punta Fariones maakt de barkas een draai naar links in de twee kilometer brede zee-engte, en vaart tien minuten dicht langs de steile kust. Dan wordt er koers gezet naar **Caleta del Sebo**, de 'hoofdstad' van La Graciosa. Er wonen 650 mensen, vooral vissers en hun families.

Bij de aankomst denkt u dat de tijd hier tientallen jaren heeft stilgestaan. Onlangs werden er telefoon- en elektriciteitskabels gelegd, en in sommige huizen is er nog steeds geen stromend water.

Het dorp bestaat uit sobere, witgekalkte huizen en zandige straten, waar u bijna nooit een auto ziet. Maar u hoeft zeker geen honger te lijden. Caleta del Sebo bezit verschillende visrestaurants, een winkel en een bakkerij.

Het eiland heeft een omvang van ongeveer 18 km. Om deze afstand te voet af te leggen is de tijd te kort. U zult het dus met een ingekorte versie moeten doen. Of u kiest voor de fiets, in het dorp kunt u een fiets huren. Er is nog een derde mogelijkheid: u kunt een jeep bestellen om naar het noordstrand te rijden. In het restaurant kunt u vragen of ze een lekkere lunch voor u klaar kunnen maken voor de terugweg. Als u om 15 uur vertrekt, bent u ruimschoots op tijd voor de veerboot. U kunt hier ook overnachten: er is een pension met eenvoudige kamers, maar ook een hotel en appartementen.

De tocht over het eiland is een odyssee door ruige woestenij en goudkleurige duinen. Het licht is verblindend en de struiken zijn door de wind tegen de vlakte gezwiept. Oriënteren is geen probleem, want het eiland wordt hier gekenmerkt door vier gedoofde vulkanen: **Bermeja** in het noorden, **Las Agujas** in het midden, **Mojón** en

Amarilla in het zuidwesten.
Het mooiste strand, het sneeuwwitte **Playa de las Conchas**, ligt in het noordwesten. Jammer genoeg is de branding aan het 'mosselstrand' doorgaans veel te sterk om ver in zee te zwemmen. Wie dat toch wil doen, kan beter naar de zandstranden in het zuidwesten, die tegen de wind beschut zijn. Van Caleta del Sebo is het maar 45 minuten tot **Playa Francesa**. Een halfuurtje verder naar het westen ligt een ander droomstrand: **Playa de la Cocina**, aan de voet van de Montaña Amarilla.

In het dorp Pedro Barbá hebben welgestelde Lanzaroteños vakantiewoningen ingericht.

Reis: Lanzarote met en zonder auto, blz. 18
Duur: een dag

Daguitstap naar Fuerteventura

Het buureiland heeft de mooiste stranden. Tijdens deze tocht overvalt u een absolute eenzaamheid in een grenzeloos landschap.

U neemt het beste de eerste veerboot in Playa Blanca, zodat u voldoende tijd hebt om het eiland te verkennen. De overtocht naar Corralejo duurt 25 minuten. In de hoofdstraat, de Av. Generalísimo Franco, kunt u tegen een gunstig tarief een auto huren – de concurrentie is hier groot. Tot voor kort was de firma Cicar het goedkoopst (nr. 35).

Vanuit Corralejo rijdt u naar het zuiden en in het stadje **La Oliva** kunt u een eerste stop maken. Hier kunt u bouwwerken uit de 18de eeuw bezichtigen, vooraan de Maria-Lichtmiskerk met massieve toren.

Bezoek in La Oliva ook de residentie van de kolonel, Casa de los Coroneles en Casa Mané, nu een museum van moderne Canarische kunst (zondag gesloten).

Voorbij Tindaya, de heilige berg van de oorspronkelijke inwoners, komt u in **Tefía**, dat met zijn gerestaureerde boerenhuizen, molens en graanschuren net een openluchtmuseum is.

Betancuria, de voormalige hoofdstad van het eiland, straalt een landelijke charme uit, ondanks de kathedraal die op een vesting lijkt, de herenhuizen en kloosterruïnes. De belangrijkste bezienswaardigheid is het **Casa Santa María**, een voorbeeldig gerestaureerd landgoed met kunsthandwerkateliers, bodega en restaurant (zo gesloten). Daarna passeert u **Vega de Río Palmas**, een palmenoase met een mooie bedevaartskerk. Het landschap wordt nu steeds mooier. Zo ver u kunt kijken, ziet u roodachtige, geërodeerde heuvelruggen en ertussenin eenzame dalen, waar nauwelijks iets groeit.

Het uitzichtpunt Morro Veloso is een echte aanrader: bij helder weer kunt u Gran Canaria en Tenerife zien.

In Tuineje rijdt u in noordelijke richting. Aan de rand van **Antigua** staat een gerestaureerde molen met een klein openluchtmuseum (**Molino de**

Antigua). De hoofdstad **Puerto del Rosario** is niet zo aantrekkelijk, maar des te groter zal uw bewondering zijn voor de uitgestrekte **duinen van Corralejo** in het noordoosten, met ernaast de kristalheldere, turkooizen zee. Hier kunt u lekker zwemmen totdat de veerboot vertrekt.

De duinen van Corralejo: kilometers ver wit zand

Reis: Lanzarote met en zonder auto, blz. 18
Afstand: 144 km
Duur: een dag

Alarmnummers

Tel. 112: de centrale voor politie (policía), ambulance (ambulancias urgencias) en brandweer (bomberos), die 24 uur per dag bemand is.

Bevolking

De Canarische Eilanden tellen samen ongeveer 2 miljoen inwoners, waarvan er ongeveer 142.000 op Lanzarote wonen. De Lanzaroteños zijn rooms-katholiek. Zowat de helft van de bevolking woont in de hoofdstad Arrecife.

Consumententips

In hotels, bars en restaurants moeten officiële prijslijsten hangen. Wanneer het te betalen bedrag niet overeenstemt met deze lijst, vraag dan gewoon even naar het **libro de reclamaciones** (klachtenboek), om de prijs te corrigeren. Op Lanzarote zijn alle toeristische etablissementen verplicht een klachtenboek bij te houden, dat de ontevreden klant kan opvragen, wanneer hij dat wenst. Het bestaat uit een origineel en drie kopieën. Een van de kopieën moet de eigenaar van de zaak binnen een maand afgeven bij de dienst voor toerisme. De bladzijden dragen geregistreerde nummers, zodat de klacht niet 'verloren' kan gaan. Wanneer de betrokkene al in het verleden beschuldigd is geweest van onzuiver gedrag, dreigt hij zijn licentie te verliezen.

Diefstal

Contant geld, cheques, waardevolle voorwerpen en belangrijke papieren moet u steeds in een hotelkluis bewaren. Hotelkamers en het handschoenvakje in de auto zijn, volgens de politie, de grootste risicoplaatsen. In geval van diefstal moet u aangifte doen, om met de kopie van het politieprotocol latere aanspraken bij uw reisverzekering geldig te kunnen maken. Als uw identiteitskaart gestolen is, krijgt u van de consul pas een vervangingsbewijs na bevestiging van de plaatselijke politie van de aangifte en het verlies. U moet tevens twee pasfoto's en, indien mogelijk, een kopie van uw gestolen identiteitskaart voorleggen.

Dieren

Wie zijn hond of kat wil meenemen naar Lanzarote, heeft daarvoor een in het Spaans en Nederlands gesteld inentingsbewijs voor rabiës van de dierenarts nodig. Het dier moet minstens 30 dagen vóór de reis ingeënt zijn en moet te identificeren zijn met een microchip.

Diplomatieke vertegenwoordigingen

Op Lanzarote zelf zijn er geen ambassades of consulaten. Wel heeft de consul uit Las Palmas om de drie maanden een consultatiedag in Hotel Los Fariones in Puerto del Carmen. In noodgevallen richt u zich tot het consulaat op Gran Canaria of Tenerife verantwoordelijk voor de provincie Las Palmas (Gran Canaria, Fuerteventura en Lanzarote).

Belgisch consulaat
Calle Gordillo 13
Las Palmas de Gran Canaria
Tel. 9 28 46 17 18

Nederlands consulaat
Calle Villalba Hervás 5, 3º
38002 Santa Cruz de Tenerife
Tel: 922 27 17 21
Fax 922 24 02 87

Douane

Vrij van invoerrechten zijn de gebruikelijke hoeveelheden: 200 sigaretten of 100 cigarillos of 50 sigaren of 250 g tabak, 1 l sterkedrank (›22%) of 2 l sterkedrank (‹22%), 50 g parfum of 25 ml eau de toilette. De invoer van ivoor is verboden.

Feestdagen

1 januari	Nieuwjaar
6 januari	Driekoningen
1 mei	Dag van de arbeid
30 mei	Dag van de Canarische autonomie
29 juni	Fiesta de San Pedro en San Paulo
25 juli	Apostel Jacobus
15 augustus	Maria-Hemelvaartdag
12 oktober	Ontdekking van Amerika
1 november	Allerheiligen
6 december	Dag van de grondwet
8 december	Maria Ontvangenis
24 december	Kerstavond
25 december	Kerstfeest

Opmerking:
Tweede kerstdag (26 december) is op Lanzarote een gewone werkdag. Pakjesavond vindt pas plaats op 6 januari, de dag van Driekoningen.

Fooien

In restaurants is een fooi van 5-10 procent gebruikelijk, wanneer u tevreden bent over de service. Kamermeisjes en portiers krijgen 2-3 euro per week, taxichauffeurs een afgerond getal van het te betalen bedrag.

Geld

Banken zijn doorgaans van maandag tot vrijdag (9-14 uur) geopend, in de winter ook op zaterdag (9-13 uur) en hebben automaten (**Telebanco**), waar u dagelijks geld kunt afhalen.

Geografisch

De Canarische archipel ligt op meer dan 1000 km van het Iberisch Schiereiland, maar slechts op 100 km van Kaap Juby in de Sahara. Geografisch behoort de archipel tot Afrika, politiek tot Europa. Ze bestaat uit de zeven eilanden Lanzarote, Fuerteventura, Gran Canaria, Tenerife, La Gomera, La Palma en El Hierro met een totale oppervlakte van 7500 m². Ze vormen de autonome groep Islas Canarias binnen het koninkrijk Spanje.
Het 795 m² grote eiland Lanzarote is het meest noordoostelijke van de Canarische Eilanden en ligt op 125 km van de Afrikaanse kust. Het is 60 km lang en 21 km breed. Van noord naar zuid loopt er een vulkaanketen dwars door het eiland, ertussen liggen uitgestrekte velden met poreus lavagesteente. De hoogste berg is de Peñas del Chache (670 m), die tot het Famaramassief behoort.

Inlichtingen

Spaanse dienst voor toerisme in België
Koningsstraat 97
1000 Brussel
Tel. (02) 280 19 26 en (02) 280 19 29
Fax (02) 230 21 47

Spaans Bureau voor Vreemdelingenverkeer in Nederland
Laan van Meerdervoort 8a
2517 AJ Den Haag
Tel. (070) 346 59 00
Fax (070) 364 98 59

Op Lanzarote
Oficina de Turismo
Parque José Ramírez Cerdá
Arrecife
Tel. 81 31 74
Zondag gesloten

Luchthaven van Arrecife
Tel. 84 60 01

Kleding

Overdag hebt u lichte zomerkleding nodig, 's avonds een pull-over. Alleen in vier- en vijfsterrenhotels wordt er van de heren 'formele' kleding verwacht in het restaurant, m.a.w. dichte schoenen, das en jasje moeten mee in uw koffer. Wandelaars hebben ook iets extra's nodig, want als u op de lava-assen wilt wandelen, komt u niet ver op sandalen. Sportschoenen of schoenen met een dikke zool zijn hiervoor noodzakelijk.

Klimaat

Ook in de winter zijn de temperaturen erg zacht. Het kwik stijgt tot een aangename 20-24°C, de watertemperatuur schommelt tussen 17 en 19°C. Tijdens de zomermaanden is het nog een paar graden warmer, en de passaatwind zorgt ervoor dat het niet te heet wordt. Slechts gedurende een paar dagen, wanneer de wind draait naar oost of zuidoost, kan de Afrikaanse hitte de eilanden bereiken en het kwik doen stijgen tot 40°C. De gemiddelde hoeveelheid neerslag bedraagt 200 mm per jaar. Van november tot februari regent het het meest.
In het noorden schijnt de zon minder dan in het zuiden. De buurt van Máguez en Haría is vaak bewolkt, en de noordoostelijke passaat zorgt voor een krachtige wind. In oktober is de lucht het helderst en kunt u genieten van weidse panorama's.
De beste periode om Lanzarote te bezoeken is van midden december tot Pasen en van juli tot september. In mei en oktober is het weer zeer gematigd en het eiland wordt dan ook niet overspoeld door toeristen. Juli is de feestmaand.
Opgelet! Door de krachtige wind vergeet u gemakkelijk dat de zon ongenadig schijnt. Zo loopt u snel zonnebrand op.

Medische voorzieningen

Als u een ziekteverzekering hebt, kunt u zich gratis laten behandelen tijdens uw verblijf op Lanzarote. Hiervoor hebt u de Europese ziekteverzekeringskaart nodig, die u, indien nodig, bij de gezondheidscentra of in het ziekenhuis van Arrecife moet voorleggen.
Een extra ziekte- en repatriëringsverzekering is aan te raden, als u uw dokter zelf wilt kiezen en de kosten voor de repatriëring niet zelf wilt dragen. Als u een privé-verzekering hebt, moet u ter plaatse wel betalen, maar met het gekregen factuurtje (**factura especificada**) kunt u later thuis uw kosten declareren.
Tandartsen, doorgaans uitsluitend privé-praktijken, vindt u in Arrecife en in alle grotere toeristenoorden.
Medicijnen koopt u het beste in apotheken (**farmacias**). Die zijn herkenbaar aan een groen of rood Maltezer kruis en volgen de gebruikelijke openingstijden. Weekend- en nachtdienst (**farmacia de guardia**) vindt u aan de ingang van de apotheken terug.

Naturisme

Naakt zonnebaden kunt u aan de Papagayostranden in het zuiden. Sinds het begin van de jaren zeventig ontmoeten naturisten elkaar vooral in Charco del Palo in het noordoosten van Lanzarote.

Netspanning

De netspanning in de toeristenoorden bedraagt 220 volt. Bij problemen met stekkers kan een adapter helpen.

Post

De postdienst beperkt zich tot het leveren van brieven en pakjes, geldzendingen en telegrammen. De postkantoren (**correos**) zijn doorgaans open van ma-vr 9-14 en za 9.30-13 uur.
Voor het bezorgen van brieven en ansichtkaarten moet u enkele dagen rekenen. Over de porttarieven kunt u meer inlichtingen krijgen in de postkantoren. Postzegels koopt u het beste in het postkantoor, en stop uw brieven alleen in de gele brievenbussen van de Spaanse post.

Radio en televisie

De kamers in de meeste grotere hotels hebben satelliettelevisie.

Reisdocumenten

Een identiteitskaart of paspoort volstaat voor een reis naar Lanzarote. U moet uw papieren tonen bij het inchecken in het hotel.

Reisetiquette

Een echte cultuurshock zult u op de Canarische eilanden niet beleven. Maar toch zijn er een paar dingen waarop u moet letten om verrassingen te vermijden.
Behalve in de grote vakantiecentra hecht men overal nog steeds veel belang aan de siesta, wat betekent

De precieze klimaatgegevens van **Arrecife:**

	Januari	Februari	Maart	April	Mei	Juni	Juli	Augustus	September	Oktober	November	December
Gemiddelde temp. in °C – Dag	21	22	22	23	23	25	27	29	28	26	24	21
Gemiddelde temp. in °C – Nacht	13	13	14	14	15	16	18	18	18	18	16	14
Zonne-uren per dag	6	7	8	9	9	9	10	9	8	7	6	6
Regendagen	3	2	1	1	0	0	0	0	1	1	3	4
Watertemp. in °C	18	18	17	17	18	20	20	21	22	22	20	19

Bron: Deutscher Wetterdienst, Offenbach

dat de winkels gesloten zijn tussen 13 en 17 uur en de straten leeg zijn. Daarentegen duurt de dag voort tot laat in de avond en nacht. Als u wilt dineren in Canarische sfeer, kunt u dus best pas na 20.30 uur naar het restaurant gaan en een discobezoek in het weekend is niet aan te bevelen voor middernacht.
Canariërs hechten veel waarde aan de 'juiste' kleding. U wilt toch niet bestempeld worden als 'guiri' (een pejoratieve uitdrukking voor toeristen)? Terwijl vrouwen een grotere speelruimte hebben op het vlak van mode, moeten mannen die er fatsoenlijk willen uitzien, in de winter gesloten schoenen dragen en korte broeken en T-shirts vermijden. Ook bij temperaturen van 20°C en meer! Als u dus een keer naar een concert gaat of gaat eten in een chic restaurant, houd u dan aan die 'kledingvoorschriften' als u geen 'guiri' wilt worden!
In restaurants is soms waakzaamheid geboden. Sommige etablissementen hebben de slechte gewoonte om toeristen te bedriegen met verzonnen prijzen. Kijk voor u besteld op de menukaart hoeveel alles kost en controleer achteraf de rekening. Als u fouten hebt ontdekt en de kelner wil die niet rechtzetten, vraag dan gewoonweg naar het klachtenboek (zie Consumententips) om het probleem uit de wereld te helpen. Als u graag mineraalwater drinkt, zou u in principe altijd 'agua mineral con gas' (met koolzuur) moeten bestellen, omdat water zonder koolzuur ('sin gas') op sommige plaatsen betekent dat u een fles gevuld met leidingwater krijgt, waar u bovendien moet voor betalen.

Taal

Slechts weinig Lanzaroteños spreken Engels. Als u zich verstaanbaar wilt maken bij de inheemse bevolking, is het nuttig om een paar woordjes Spaans te leren.
De lokale bevolking spreekt Spaans met Zuid-Amerikaanse 'trekjes'.

Telefoon

In alle grotere plaatsen zijn er openbare telefooncellen (**teléfonos públicos**), die internationale gesprekken aankunnen. Voor een buitenlands gesprek kiest u eerst het landnummer, dan het netnummer (zonder 0) en ten slotte het abonneenummer. Telefoneren is van 22 tot 8 uur en tijdens weekends (zaterdag 14 tot maandag 8 uur) goedkoper.
Telefoonkaarten kunt u kopen in het postkantoor en de supermarkt, en vaak ook in kranten- en tabakswinkels.

Landnummers
Lanzarote → België 00 32
Lanzarote → Nederland 00 31
B, N → Lanzarote 00 34

Inlichtingen
Nationaal: 11 818
Internationaal: 11 825

Tijdverschil

Bij aankomst op Lanzarote moet u uw horloge een uur terugzetten.

A

a la brasa: gebraden
a la plancha: gegrild
aceite: olie
aceitunas: olijven
agua mineral: mineraalwater
- *con gas:* koolzuurhoudend
- *sin gas:* zonder koolzuur
ahumado: gerookt
ajo: knoflook
al horno: in de oven gebakken
almejas: schelpen
almuerzo: middageten
arroz: rijst
atún: tonijn
aves: gevogelte
azúcar: suiker

B

bacalao: kabeljauw
baifo: geitenvlees
batata: zoete aardappel
bebida: drankje
bien hecho: goed doorbakken
bienmesabe: amandel-honingcrème
bocadillo: belegd broodje

C

cabra: geit
cachuela: konijnenragout
café solo: espresso
- *con leche:* koffie met melk
- *cortado:* espresso met een beetje melk
calamares: inktvisringen
caldo: vleesbouillon
- *de pescado:* vissoep
cangrejo: krab
caracoles: slakken
carne: vlees
- *en salsa:* met saus
- *fiambre:* koud gebraad
- *picada:* gehakt
carnero: schapenvlees
casero: zelfbereid
cava: schuimwijn
cebolla: ui
cena: avondeten
cerdo: varkensvlees
cerveza: bier
chipirón: inktvis
chorizo: pikante paprikaworst
conejo: konijn
cordero: lam
crudo: rauw
crustáceos: schaaldieren

D

desayuno: ontbijt
dulces: zoetigheden

E

embutido: worst
en adobo: pikant gemarineerd
entremeses: voorgerechten
estofado: stoofpotje

F

frangollo: maïspudding met rozijnen
frutas del mar: zeevruchten
frutas: fruit

G

gallina: haantje
gambas: garnalen
- *a la plancha:* gegrilde garnalen
gazpacho: koude groentesoep
gofio: geroosterd maïs- of tarwemeel
guisantes: erwten

H

habas: dikke bonen
helado: ijsje
hielo: ijs(blokjes)

hierbas: kruiden
hígado: lever
higo: vijg
hongo: paddenstoel
huevo: ei
- *con jamón:* eieren met spek
- *duro:* hardgekookt
- *frito:* spiegelei
- *pasado:* zachtgekookt
- *revuelto:* roerei

J

jamón cocido: gekookte ham
- *serrano:* gedroogde rauwe ham
jugo: sap

L

leche: melk
- *asada:* dessert uit melk, suiker, citroen en ei
lechuga: groene sla
legumbres: groenten, peulvruchten
lenguado: zeetong
limón: citroen

M

macedonia de frutas: fruitsalade
mantequilla: boter
manzana: appel
mariscos: zeevruchten
media ración: halve portie
melocotón: perzik
menú del día: dagmenu
miel: honing
- *de palma:* palmhoning
mojo picón: pikante saus met chilipepers en knoflook
- *verde:* saus met koriander en knoflook
morcilla: bloedworst
- *dulce:* bloedworst met amandelen en rozijnen
mostaza: mosterd

N

naranja: sinaasappel
nata: slagroom
nueces: noten

O

ostra: oester
oveja: schaap

P

paella: rijstgerecht met zeevruchten, vlees en groenten
pan: brood
- *integral:* volkorenbrood
papas/patatas: aardappelen
parrillada de pescado: gegrilde visschotel
pastel: gebak, taart
pato: eend
pepino: komkommer
perejil: peterselie
pescado: vis
picadillo: gehakt
pimienta: peper
pimiento: paprika
piña: ananas
pollo: kip
postre: dessert
potaje: groentestoofpotje
puchero: eenpansgerecht van vlees en groenten

Q

queso: kaas

R

ración: grote portie
rancho canario: groentesoep met noedels
rape: zeeduivel
rebozado: gepaneerd

requesón: kwark, roomkaas
riñones: niertjes
ropa vieja: hartig vleesgerecht met kikkererwten

S

sal: zout
salchichas: worstjes
salchichón: salami
salsa: saus
sancocho: aardappelsoep met groenten en gekookte vis
sandía: watermeloen
sangría: punch van rode wijn en citrusvruchten
sopa: soep
- *de mariscos:* soep met zeevruchten
- *de pescado:* vissoep
- *de verdura:* groentesoep

T

tallarines: noedels
tapa: klein tussengerecht, hapje
tarta: taart
tasca: café
tocino: spek
tortilla española: omelet met aardappelstukjes
- *francesa:* omelet
trucha: forel

U

uvas: druiven

V

vaca: koe, rund
vegetariano: vegetarisch
verdura: groente
vinagre: azijn
vino: wijn
- *blanco:* witte wijn
- *de mesa:* tafelwijn
- *del país:* landwijn
- *dulce:* zoete wijn
- *rosado:* rosé
- *seco:* droge wijn
- *semiseco:* halfdroge wijn
- *tinto:* rode wijn

Z

zanahorias: wortelen
zarzuela de mariscos: visgerecht met schaaldieren
zumo: sap
- *de frutas:* fruitsap

Hier vindt u de bezienswaardigheden, musea en uitstappen die in deze gids beschreven werden. Bovendien bevat het register belangrijke trefwoorden en tips uit deze gids. Wanneer een begrip verschillende keren voorkomt, verwijst het **vet**gedrukte getal naar de belangrijkste vermelding.

Originele titel: *Lanzarote* (D. Schulze)

Deze uitgave door: Deltas, België-Nederland.
Nederlandse vertaling: Myriam Kunnen
Gedrukt in België

D-MCMXCVIII-0001-4
NUR 512

Geactualiseerde uitgave 2012-2013

Kaarten: MERIAN-Kartographie

Alle foto's van F.M. Frei, behalve
H. Arndt 28, 42, 43, 53, 86, 102
O. Baumli 14
G. Jung 7, 11, 22, 58, 75
L. Kaiser 85
M. Liebermann 6, 36, 39, 49, 50, 62, 94
P. Schäfer 8, 25, 67, 68, 89, 90, 99
D. Schulze 27